1500 km zu Fuß auf Pilgerwegen nach Rom

Schweizer Jakobsweg: Konstanz – Lausanne (JW Schweiz)

Via Francigena: Lausanne - Rom (Via Franci)

Christian Thumfart

Mein herzlichster Dank gilt meiner Familie, die mich gehen ließ,

Kolpingbruder Karl, dass ich ihn so lange begleiten durfte

und Freundin Maxi Monika Thürl fürs Korrekturlesen.

Bibliografische Information der Deutschen Nationalbibliothek:
Die Deutsche Nationalbibliothek verzeichnet diese Publikation in der Deutschen
Nationalbibliografie; detaillierte bibliografische Daten sind im Internet über
http://dnb.dnb.de abrufbar.

© 2021 Christian Thumfart

Bilder vom Verfasser, wenige von Karl Kretschmer

Herstellung und Verlag: BoD – Books on Demand, Norderstedt

ISBN: 978-3-7528-9879-8

Wir pilgern für einen guten Zweck

Von Konstanz nach ROM, 1500 Km.

Tagebuch JW Schweiz und Via Franci

Pilgertag 1, Dienstag, 31.05.2016: Anfahrt nach Konstanz – Märstetten (14 km)

Nachdem mich Kolping-bruder Karl Kretschmer bereits 2015 fragte, ob ich mit nach Rom pilgern würde, treffen wir uns heute 8.30 Uhr am Bahnhof Mosbach zur Verabschiedung durch die Kolpingfamilie Mosbach wegen deren Unterstützung für unser „Sozialprojekt", siehe WEB-Seite unten.

Da wegen des vorausgegangenen, nächtlichen Hochwassers die Bahnstrecke Neckarelz – Neckarsulm nicht befahrbar ist, fährt uns meine Frau an den Bahnhof Heilbronn. Dort geht es dann eine Stunde später als ursprünglich geplant weiter über Stuttgart und Singen nach Konstanz, wo wir 14.35 Uhr statt 13.05 Uhr ankommen.

Schnell zum Münster den Stempel holen und auf dem „Schwabenweg" durch die Stadt. In Kreuzlingen in die Schweiz und weiter die 14 km bis Märstetten, wo wir sehr nett in der Pilgerherberge (PiHe) empfangen werden. 18.15 Uhr da.

Aktuelles, Stand unserer Wege, Bilder, Gästebuch usw. finden sich unter: www.rompilger-karl-christian.de .

Pilgertag 2, Mittwoch, 01.06.2016: Märstetten – Fischingen (32 km)

Nach einer ganz angenehmen Nacht frühstücken wir um 7.30 Uhr mit 2 anderen Pilger/Innen. In der PiHe gibt es Kaffee, Tee, Marmelade, Nutella, … und ich hole gegenüber im kleinen Supermarkt nur noch Brötchen dazu. 8.30 Uhr geht´s weiter in leichtem Regen mit Regenhut und -hose. Bald hört es auf; teilweise ist es dann den Tag über bewölkt, ab und zu sonnig. Der Weg führt über Feldwege, schöne Wald- und Wiesenwege, entlang von Bächen und kleinen Flüsschen (z.B. der Murg) und ganz zum Schluss nochmals steil und hoch hinauf, um dann wieder nach Fischingen abzufallen. Dort wollen wir im Kloster Quartier beziehen. Bei der telefonischen Anfrage erschrecke ich allerdings über den Preis: 45,- CHF für Üb+F. Ich suche eine andere Möglichkeit und finde die PiHe in „Au", rufe dort an, 25,- CHF Üb+F und das Angebot, uns in Fischingen abzuholen, was wir gerne annehmen. In Fischingen treffen wir den Pilger von heute Morgen. Er hat Quartier in Gasthof Stern (47,- CHF). Karl geht mit dahin wegen des WLANs und somit der Verbindung nach Hause und zu Stoffi, der unsere WEB-Seite auf dem Laufenden hält. Ich verweile solange in der wunderschönen Klosterkirche, u.a. bei der Heiligen Idda. Wer seine schmerzenden Füße in das Loch des Grabsteines dieser Heiligen hält, soll – der Legende nach – von seinen Schmerzen befreit werden, was für mich mit den dutzenden Blasen an den Füßen bei meinen anderen Pilgerwanderungen ein besonderes Geschenk wäre. Zum Schluss hatte ich tatsächlich nur 9 Blasen auf dem ganzen Weg nach Rom. Nach 2 Kerzen gegen meine EURO-Groschen für die Familie und meine Fußpflegerin Traudel R.-J. rufe ich in der Au an, unser Chauffeur kommt wenige Minuten später und bringt uns die 3 km und 100 Höhenmeter weiter zur PiHe „Schwedistübli", wo wir eine supertolle Herberge mit Matrazenlager für uns alleine haben. Wir bekommen noch ein hervorragendes Abendessen (Rösti mit Spiegelei und grünem Salat), gute Unterhaltung und Tipps für den weiteren Weg. Auch erfahren wir hier von dem verheerenden Hochwasser in Rottach am Inn.

Pilgertag 3, Donnerstag, 02.06.2016: Fischingen /Au – Wald ZH Ortsteil Rüti (15 km)

7.30 Uhr ein exzellentes Frühstück mit Uschi und Ritchi vom Schwendistübli und Abrechnung (a. 40,- CHF) geht´s bei Regen und Nebel weiter zum Gipfel des Hörnli (1133 m NN) mit einem wundervollen Panorama nach allen Himmelsrichtungen (laut PiFü), wir sehen keine 50 m weit – nur Nebelsuppe. 12.15 Uhr, nach steilen Abstiegen sind wir in Gibswil, wo im Gasthof Stuben das weitere Vorgehen geplant wird. Hier gibt es eine Post (öffnet 15 Uhr) und ich schicke vieles voraus (14,70 CHF), dann fürs Abendessen einkaufen und noch 2 km weiter zur PiHe B&B „Uf Rüti 2". Ankunft 16.30 Uhr.

Pilgertag 4, Freitag, 03.06.2016: Rüti – Rappertswil (16 km)

8.30 Uhr starten wir nach einem herzhaften Frühstück wie gestern im Regen vom B&B „Uf Rüti" bei Wald. Von den tollen Bergpanoramen laut PiFü keine Spur aber wenigstens feste Wege und sehr wenig nasse Graswege. Es geht über Treppen, Schwellen und Pfade auf- und vielmehr ab, sodass wir mit einer kleinen Um- und Ausziehpause bereits gegen 12.30 Uhr unser Tagesziel Rapperswil am Zürich-See erreichen. Unterwegs durchkreuzen wir schöne Naturschutzgebiete mit tollen Orchideenwiesen (Knabenkrautarten, Enziane), quakenden Fröschen und schönen Ansichten.

In Rappertswil finden wir nach einem kleinen Stadtrundgang die PiHe in der Altstadt nahe der Seepromenade. Die öffnet erst 16 Uhr und telefonisch erreichen wir auch niemand. Wir fragen bei der Tourist-Info am See und können dort die Rucksäcke abstellen, trinken einen Cappuccino (6,80 CHF) und besichtigen den Schlossberg, das Kapuzinerkloster, die Rosen-/ Klostergärten, das Hirschgehege (Sage von der Besiedlung des Schlossberges) und sind 16 Uhr mit den Rucksäcken an der PiHe wo gerade Claudia die Betreuerin ankommt, uns furchtbar nett und freundlich einweist, weitere Pilger/innen kommen auch, später auch Andreas, den wir schon seit der ersten Etappe immer wieder treffen, genauso wie Barbara, die Pilgerin vom ersten Tag, die heute schon im Café sitzt und auf den Zug nach Hause wartet, da ihre Wanderung hier zu Ende geht. Nachdem wir eingekauft, zu Abend gegessen, geduscht und gewaschen haben, sitze ich nun an der Seepromenade und schreibe diese Zeilen bei schönem Wetter. Die PiHe ist eine von den ganz erstklassigen, wie ich auf meinen bisherigen Wanderungen nur wenige sah. (20,- CHF). Auch die Betreuung durch Claudia, bisher einmalig. So etwas von freundlich und liebenswürdig, sorgend und besorgend, eine Mitvierzigerin „zum Knuddeln". Gemütliches Abendessen in der PiHe mit weiteren 3 Frauen und 1 Mann im 12 Bett-Zimmer. Noch ein Abendbummel bis zum nächsten Gewitterregen; 22.30 Uhr geht´s ins Bett. Nach den 16 km geht es morgen wieder nur 16 km auf den Berg nach Einsiedeln, wo wir die Sonntagsmesse mitfeiern wollen.

Pilgertag 5, Samstag, 04.06.2016: Rappertswil – Einsiedeln (16 km)
6.30 Uhr geht´s Getrappel los, also aufstehen, packen, gemütlich zu sechst gemeinsam frühstücken. Claudia kommt noch zur Verabschiedung und einer nach dem anderen bricht auf. 8.20 Uhr trocken, nach 800 m – schon

fängt es an zu regnen bis uns dann, von Sekunden Sonnenstrahlen durchbrochen, in den Steigungen wahre Sturzbäche, von gewaltigen Regenschauern ausgelöst, entgegenkommen. $3^{1/2}$ Stunden, 8 km und 520 Höhenmeter auf der Straße zum Etzelpass und der St. Meinrad-Kapelle. Auf den Wanderwegen stürzt uns das Wasser über Wurzeln, Steine und Matsch entgegen, sodass wir den Weg auf der Straße wählen, der zwar länger, aber eher begehbar ist.
Um 12 Uhr sitzen wir im Gasthaus St. Meinrad am Pass, die Hälfte der Etappe geschafft, patschnass von innen, sitzen wir hier und wärmen /

Einsiedeln

trocknen uns bei heißem Kaffee und einer Gemüse-suppe – etwas mehr als ein Fingerhut voll (6,80 CHF). Nach einer Stunde Pause geht´s weiter. Wieder draußen tröpfelt es schon wieder. Nach einem Ab-stieg meist auf festen Wegen kommen wir 15.30 Uhr beim Kloster Einsiedeln an, wo wir schon mittags in der Herberge 2 Betten reservierten. Kurz vor dem Etappenziel treffen wir Raimund, der von Landshut kommt und nach Santiago de Compostelle will (6-7 Monate). Bis auf die Haut nass, im Rucksack außer den Klamotten, die morgens nach der abendlichen Wäsche nicht trocken waren – Gott sein Dank –

Die "Zwei Mythen"

noch etwas Trockenes. Duschen, Teilnahme an der „Vesper" mit 23 Benediktinermönchen in der Klosterkirche, Abendessen, Karten schreiben, … 20 Uhr geht es wieder in die Kirche zur „Complet", danach ist dort ein Alphornkonzert. Bis dahin sind auch schon weitere Kleidungsstücke am

Körper getrocknet, sodass ich in der kalten Kirche wohl nicht frieren werde.
Das Konzert war nicht das Erhoffte. Das Weihnachtsoratorium von Bach ist leichte Kost gegen das hier gebotene. Ein Chor mit Profi-Solisten, extremste Hornmusik aus Alphörnern „rausgequetscht" – nichts von den wundervollen

alpinen Alphorntönen - 21 Uhr sind wir wieder draußen wo´s noch kälter ist wie in der Kirche. Also zur PiHe, Etappe planen …

Pilgertag 6, Sonntag, 05.06.2016: Einsiedeln – Brunnen (25 km, 540 m Auf- / 1010 m Abstieg) Nach dem Frühstück besuchen Karl und ich die hl. Messe um 8 Uhr an der Gnadenkapelle der „schwarzen Madonna" in der Klosterkirche.

Danach packen, 10.15 Uhr verlassen wir Einsiedeln im schönen Flusstal der „Alp", bis Alpthal, wo wir nach 2 Stunden in der Kirche eine Pause vor dem großen Anstieg machen. Gestartet im Trockenen, nach 30 Minuten Niesel-/ Regen-/ Niesel-/ Dauerregen, erst am Nachmittag ca. 1 Stunde Sonne danach Starkregen bis fast ans Ziel. Der Anstieg, richtig knackig. Es geht senkrecht zur Hanglinie nach oben. In wenigen Hundertmetern sind 100 Höhenmeter geschafft. Karl und Raimund sehe ich bald nicht mehr hinter mir. Es geht über uralte Passstraßen noch von den Römern, die auch seit ca. 1200 n.Ch. nachweislich von Pilgern und außerdem von hohen Persönlichkeiten wie Johann Wolfgang von Goethe u.v.m. benutzt wurden. Auf dem „Haggenegg" bei 1414 m üNN ist der höchste Punkt des Schweizer Jakobsweges erreicht. Ich warte auf Karl und Raimund, die hier völlig durchnässt einkehren (13.15 Uhr). Ich mache mich gleich an den Abstieg, da es kaum mehr regnet und auf dieser Seite der Berge sogar die Sonne scheint. Es geht wieder fast senkrecht hinunter und zack, haut es mich anständig in den Morast. Ein Wanderstock ist zerbrochen, die Brille – Gott sei Dank – noch ganz, aber Hüfte und Knie fühlen sich irgendwie verschoben an. Aufgerappelt geht´s mit einem Stock und zittrigen Knien weiter. Zu allem Elend setzt jetzt auch noch Starkregen ein. Wieder patschnass komme ich ca. 15 Uhr in Schwyz an der Pfarrkirche an, wo ich drinnen tropfend und triefend in voller Montur mein Handy einschalte um das Quartier zu bestellen, Jan (Sohn) zurückzurufen wegen des Hochwassers in Mosbach und der Funktion unserer Kellerpumpe und um für die anderen erreichbar zu sein, damit wir wieder zusammen finden. Im Regen geht es weiter, vorbei am „Zahnweh-Kappelele", einer sehr schönen „Wendelin-Kapelle", Umleitung des Weges wegen Straßenbauarbeiten, Fragen und Suchen bis ich die PiHe bei den „Schwestern vom kl. Kreuz" in Brunnen finde. Von dort dirigiere ich Karl und Raimund um, da es einen ganz einfachen, kurzen Weg hierher gibt. Gegen 18 Uhr kommen sie an. Alle stinken wir nach Schweiß, jetzt wird erst mal geduscht + gewaschen – Handwäsche, es gibt eine Wäscheschleuder und im Heizraum ist´s wohl so warm, dass morgen früh alles hoffentlich trocken ist. Das Kloster bietet UF an (34,80 CHF). Essen gehen wollen wir uns nicht leisten (Karl zahlte heute Mittag für eine Suppe und einen Radler 18,- CHF), also werfen wir alle Lebensmittel zusammen (ich hatte unterwegs noch ein Brot ergattert) und alle werden satt. Karl und Raimund haben wie fast immer Probleme mit dem WLAN des Hauses, ich versuch´s erst gar nicht sonst müsste ich mich raus vor die Klosterpforte, 200m entfernt, setzen. Nach dem Abendessen wird es draußen nochmal hell und die „2 Mythen", Berge auf die wir 2 Tage lang zuliefen, heute beinahe überstiegen, und jetzt im schönsten Abendlicht von hinten sehen.

Pilgertag 7, Montag, 06.06.2016: Brunnen – Betanien bei St. Niklausen (20 km)

Die Wäsche und Schuhe sind super getrocknet. Wir sind bereits 6.30 Uhr aufgestanden, haben ganz gemütlich gepackt und frühstücken 7.30 Uhr mit Schwester Gertraud. Es geht los Richtung Hafen, müssen wir doch zur Fortsetzung unserer Tour über den Vierwaldstätter See wechseln. Gestern haben wir beschlossen, nicht nur überzusetzen und wieder bergauf und -ab zum nächsten Ziel zu pilgern (Bouchs), sondern mit dem Schiff gleich dahin zu fahren (24,- CHF) und von dort (Ankunft 10.17 Uhr) die nächste Etappe anzugreifen. Nach 2 Stunden bleiben Karl und Raimund in Stans zurück um von einem Gasthaus-WLAN ihre „WEB-Verpflichtungen" zu Wanderweg folgen – Sackgasse – alles wieder zurück. Hier erreicht mich Sigrid´s aufmunternde SMS als ich Karl und Raimund die Wege per Handy beschreiben will. Dann geht´s nur noch steil bergab, sodass ich die beiden wieder anrufe (sitzen nach 1,5 Stunden immer noch am WLAN) und den Vorschlag mache, sie könnten auf der Straße nach St. Jakob gehen, da komme ich auch runter. In St. Jakob angekommen (14.15 Uhr), mache ich eine große Pause, reserviere die PiHe für uns drei und ziehe 15.20 Uhr weiter. Die Beiden sind immer noch nicht da. Schöne Wege und Pfade ziehen im auf und ab von 540 mNN auf 797 mNN zum Kloster Bethanien (Dominikanerinnen) mit einem Gästehaus und Pilgerzimmern. 17.20 Uhr da. Unterwegs auf einem Almhof kaufe ich noch 400 g Albkäse für 6,- CHF; das Abendessen im Kloster würde 20,- CHF kosten und Brot habe ich noch. Wir haben ein tolles 5 Bett-Zimmer, z.Z. noch zu dritt. 18.45 Uhr Karl und Raimund sind noch nicht da. Ich habe schon gewaschen, das meiste ist am Sonnenbalkon auch schon getrocknet, bin geduscht und schreibe fleißig Tagebuch. Hier gibt es WLAN, vielleicht bekomme ich einige Mails und Bilder raus.

Das Wetter ist heute erstmals schön. Sonne, kurze Hose, tolle Ausblicke in alle Richtungen, eine kleine Blase, aber sonst alles gut. Karl und Raimund kommen 19.30 Uhr völlig kaputt an. Sie haben fast bis 15 Uhr in Stans pausiert und zu Mittag gegessen, um dann die 10 km auf dem asphaltierten Radweg bis St. Jakob und noch die 5 km und 450 Höhenmeter hier herauf zu meistern. Raimund hat ein entzündetes Schienbein (wie ich in Norwegen) und macht morgen einen Ruhetag, bei Karl sind die Laufflächen an beiden Ballen geschwollen und schmerzen scheinbar höllisch. Nach einem Bad und Arnica-Einreibungen geht es morgen hoffentlich wieder.

Pilgertag 8, Dienstag, 07.06.2016: Bethanien bei St. Niklausen – Lungern (20 km)

Flüerli-Ranft beim hl. Bruder Klaus

Nach einer guten Nacht stehen wir 6.45 Uhr auf. Raimund verschläft unsere ganze Pack-zeremonie und da er hier bleibt, wecken wir ihn auch nicht zum gemein-samen Frühstück. Als wir zurückkommen wacht er gerade auf – Verab-schiedung -, bei Karl bimmelt schon wieder das Handy (Andy W. wegen unserem WEB-Auftritt bei Kolping Ba-Wü). Ich gehe schon mal los. Schöne Wege hinunter zur Flüeli – Ranft und Bruder Klaus. Dort holt Karl mich ein und es geht weiter nach Flüeli und in einem tollen Abstieg von 720 auf 480 mNN nach Sachseln. In der wunderschönen Pfarrkirche mit schwarzen Marmorsäulen und –ausschmückungen z.B. in der Taufkapelle, dem Reliquienschrein des hl. Bruder Klaus und einem sehr, sehr schönen Erstkommunionweg zur Hinführung zum ersten Empfang des Bußsakramentes. Dann geht es entlang des Sarner Sees ebenerdig weiter bis Giswil, vorbei an schönen Uferabschnitten, Naturschutzgebieten und einmündenden, wilden Gibirgsflüsschen. 12.15 Uhr machen wir in einer Gartenwirtschaft in Giswil Pause bei einem Radler und siehe da, Christian und Regula, bekannt vom gemeinsamen Frühstück heute Morgen gesellen sich dazu, übernehmen sogar unsere Zeche und berichten über ihr Engagement für den Jakobsweg in der Schweiz.

Sie haben in Brienzwiler ein Haus gekauft und betreiben dort zusammen mit vielen ehrenamtlichen Helfern eine von sechs „echten" Pilgerherbergen in der Schweiz, wie sie sagen. Später treffen wir sie noch einmal kurz vor der Höhe bei Kaiserstuhl und gehen gemeinsam mit ihnen dorthin, wo sie im Hotel ein Quartier haben. Sie gehen morgen noch bis zum Brienzer See, dann wieder heim – Enkel hüten. Unterwegs treffen wir noch einen „Rückwärtspilger", der den Weg von Genf bis Salzburg geht.

Bereits in den vergangenen Stunden hat es um uns herum immer wieder mal gedonnert und jetzt, während wir den Lungerer See umrunden fängt es noch zu regnen an. Kurz von Lungern, unserem heutigen Ziel ist ein Pilgerquartier ausgeschildert, aber niemand da. An einem grandiosen

Wasserfall vorbei kommen wir ins Städtchen und zur nächsten PiHe. Wieder niemand da. Beim Anruf verkündet ein Tonband (AB), dass die Herberge geschlossen ist. Zurück zum Wasserfall wollen wir nicht, da für die dortige Herberge ja keine TelNr. bekannt ist. So versorgen wir uns im Städtchen mit Abendbrot und rufen die letzte Nummer im PiFü an. Darin heißt es: 30 Lager im Stroh. Beim Anruf die Aussage: das Strohlager sei

Kirche in Lungern

noch nicht gerichtet aber wir könnten ein Ferienhäuschen für 50,- CHF pro Person bekommen. Da wir keine Alternative mehr wissen, wird zugesagt und machen uns auf zum gegenüber liegenden Ende des Städtchens. Lungern hat eine Kirche die im Aussehen der Wallfahrtskirche von Lourdes nachempfunden ist.

Abendessen, duschen, waschen. Karl geht wegen seiner schmerzenden Ballen nochmals zurück in die Stadt zu einem Arzt. Für 100,- CHF rät der ihm Schmerztabletten (Diclofenac) und Magentabletten für die „überbelasteten" Ballen einzunehmen. Das Gleiche (Ibuprofen) habe ich ihm

schon am Mittag empfohlen, resultierend aus meinen Erfahrungen mit den Schienbeinentzündungen auf dem Olavsweg. Jetzt sitzen wir im „Chalet", schreiben Tagebuch, jagen Stubenfliegen (die bringt die Nähe zu einem Kuhstall so mit sich), genießen die Aussicht, planen den morgigen Tag und, verarzten was es nötig hat. 2. Blase li. Ferse außen wie die erste rechts. Aufschneiden ist nicht möglich, da zu viel Hornhaut darüber ist. Am Morgen erfahren wir, dass die Heuherberge im Kuhstall eingerichtet wird, wenn die Kühe auf den Almen sind. Dann wird der Stall gereinigt und eingestreut und die Pilger oder Urlauber können kommen. Wie die dann riechen, weiß ich nicht.

Pilgertag 9, Mittwoch, 08.06.2016: Lungern – Interlaken (22 km), ab Oberried mit dem Zug

Frühes Erwachen wegen trommelnden Regens auf das Dach des Chalet. Packen – es hellt auf, zum Frühstück ins Haupthaus – es regnet. Wir genießen das herrliche Frühstück im Esszimmer der Familie, unterhalten uns gut und – es regnet nicht mehr – klart auf – sogar die Sonne kommt raus – kurze Kleidung ist angesagt. Es geht ins Städtchen und zu besagter Kirche mit einem wundervollen Kirchhof auf den Terrassen davor. Dann geht es auf Rat der Vermieterin auf einem anderen Wanderweg aufwärts Richtung Brünigpass. Der Originalweg gehe meist durch nicht gemähte Wiesen und wir hätten dann in wenigen Minuten nasse Füße und Hosenbeine. Bei unserer Strecke geht es auf einem Wirtschaftsweg meist entlang der Bahnlinie (hier fahren auf Grund der Steilheit kombinierte Normal- / Zahnradbahnen über den Pass. Unterwegs am „Chäpeli" läutet Karl die Pilgerglocke; frohen Mutes geht es zum Pass: Aufstieg ca. 400 Höhenmeter, Abstieg ca. 450, furchtbar steil und wieder in strömendem Regen. Trotzdem bewundern wir unterwegs viel Schönes, uralte Kulturgüter bzw. -landschaften, Wald- und Felssteige, Wasserfälle, Wildwässer. Im Tal bei Brienzwiler finden wir Unterschlupf bei der PiHe von Regula und Christian (s.o.). In der Gartenlaube stehen heißes Wasser, Kaffeepulver, Tee, Kekse, der Keller ist offen, dahinter ein extrem rustikales Pilgerzimmer, aber wir sind im Trockenen, können uns aufwärmen, etwas die Kleidung trocknen und nach einer Stunde hört es auf zu regnen. Im Weitergehen fliegen Militärjets ganz knapp über unsere Köpfe und landen dann wohl in dem engen Tal zwischen Bäumen und Bergflanken. Weiter geht's zum Brienzer See, durch das schöne Städtchen Brienz entlang der Uferpromenade und dann wieder stetig bergan an den Berghängen des See's. Regen setzt ein. Der Weg führt über tiefe und steile Schluchten, z.T. mit abenteuerlichen Hängebrücken überspannt, immer wieder der regengetrübte Blick über den See und zum Grandhotel Giessbach und den Giessbachfällen wo meine Tochter Katrin vor einigen Jahren gearbeitet hat und ich sie hin und her umziehen helfen durfte. Am Etappenziel Oberried sind die Übernachtungsplätze entweder belegt oder nicht mehr vorhanden und niemand ist erreichbar. Wir beschließen drei Bahnstationen weiter, 10 km mit dem Zug nach Interlaken zu fahren. Dort laufen wir durch die halbe Stadt zum Backpacker-Hotel, nur um zu erfahren, dass wegen eines Rockfestivals mit über 60.000 Besuchern alles ausgebucht ist. Von dort rufen wir in der Jugendherberge an und reservieren die letzten beiden Betten in dem riesigen Bau für uns. Zu Fuß zurück, die Juhe liegt genau neben dem Bahnhof, ÜF 40,- CHF. Wir beziehen unsere Betten in zwei unterschiedlichen Zimmern. Karl ist mit 5 Asiatinnen in einem 6-Bett-Zimmer, ich mit einem Pärchen und einer Einzelperson in einem Vierer-zimmer. Ich plane die morgige Etappe, was wiederum schwierig ist, weil die Unterkunftsmöglichkeiten nicht zu unserem Etappenrhythmus passen.

Karl, wie immer im WEB und bei WatsApp unterwegs – hier gibt´s WLAN. Draußen regnet es wieder in Strömen – die armen Festival-Besucher.

Spruch des Tages der Vermieterin: „Die Berge sind immer da – nur ob sie sich zeigen?" Wir wollten Jungfrau, Eiger und Mönch sehen, aber … sie zeigen sich nicht.

Pilgertag 10, Donnerstag, 09.06.2016: Interlaken – Zwieselberg (22 km ohne Schiffspassage)

Beim Frühstück in der Juhe ist´s noch trocken, beim Losgehen 8.45 Uhr schüttet es bis 13 Uhr. Wir kommen trotzdem vorwärts, erst entlang der Aare, dann des Thunersees durch Naturschutz- und Erholungsgebiete. Bei den St. Beatus-Höhlen rät uns ein Straßenwärter, auf der Straße zu bleiben, da die kommenden steilen Auf- und Abstiege bei dem Wetter viel zu gefährlich seien. Das beherzigen wir, gehen entlang der sehr schmalen Straße im Gegenverkehr zu einem Schiffsanleger. Dort treffen wir Heidi und Franziska, die gestern nach uns in die Juhe kamen und kein Bett mehr fanden. Sie gingen weiter und als nichts mehr ging, fragten sie einen Bauer und durften dort im Stroh übernachten. Mit einer Flasche Rotwein und allerlei Leckereien, wie sie uns auf Bildern zeigen, waren sie sehr gut drauf und sind es heute noch, was lustige Selfis von uns beweisen. Wir gehen weiter an den Schiffsanleger „Beatenbucht", wollen uns kurz unterstellen und den Weg beratschlagen. Zufällig fällt der Blick auf den Fahrplan, 11.58 Uhr fährt ein Schiff über Merlingen nach Spiez, das hätten wir in Merlingen eh nehmen müssen. Es ist 11.54 Uhr. „Gottes Fügung" gehorchend nehmen wir das Schiff (14,80 CHF) und treffen beim Aussteigen wieder auf Heidi und Franziska. Es gibt großes Hallo. Heidi hat massive Probleme mit den Schienbeinen und so haben sie das Auf und Ab auch gespart und sind mit dem Schiff gefahren. In Spiez gehen wir zum Schlossberg und wer ist in der Kirche? Heidi und Franzi. Ein Halli und Hallo, zwei furchtbar nette, liebenswerte Mitzwanzigerinnen. Karl und ich suchen ein Café oder Restaurant, um warm zu werden und etwas zu trocknen. Meine Schuhe stehen gefühlt bereits voller Wasser und ich spüre bei jedem Schritt das Wasser zwischen den Zehen quatschen. Wir finden einen Italiener direkt am See, gönnen uns ein Tagesessen (Kalbsgeschnetzeltes mit Nudeln und Gemüse, vorab eine heiße Gemüsesuppe und einen Kaffee, dazu kostenlos eine Karaffe Leitungswasser. Der Handfön im WC läuft heiß als wir unsere nassen Hemden, Kragen, … trocknen. 25,- CHF war uns das Ganze wert und draußen: blauer Himmel, Sonnenschein, warm – herrlich; der 3.te halbe Tag ohne Regen. Mit Liedern auf den Lippen, Lobpreis und Freude geht es durch Weinberge, schöne Wälder, immer entlang des Sees, mal oben mal unten, vorbei an alten, wundervollen Almgehöften bis nach Einigen, wo wir in der alten, romanischen Kirche bereits erwartet werden. Heidi und Franzi hörten uns schon kommen und ein superherzliches Hallo und Juchhe erfüllt das Gotteshaus. Davor werden jetzt gemeinsam Bilder gemacht, Namen ausgetauscht und, da sie in Richtung Thurn abbiegen, wo ihre Reise zu Ende geht, ein beinahe herzzerreißender Abschied. Diese Begegnung beschäftigt uns noch bis in die ca. 2 Stunden entfernte Unterkunft, wo es den Wein gibt, den wir gerne noch gemeinsam zu viert getrunken hätten. Der Weg hierher wurde immer schöner, z.T. auf einem Kamm verlaufend, rechts der See mit der Stadt Thurn, links stattliche Gehöfte, Bäche, Täler, auf dem Kamm ehrwürdige Baumriesen unter denen wir ehrfürchtig wandeln, eine Burgruine aus der Herrschaftszeit der Burgunder (10-12 Jahrh.), folglich heißt der Weg „Burgunderweg", und hinter uns die ersten Durchblicke auf die Viertausender Eisriesen des Berner Oberlandes u.a. Eiger, Jungfrau und Mönch. Die Unterkunft, nach etwas Rumfragen gefunden, ein Traum (B&B – wie eine 5***** Ferienwohnung) – auch urlaubsgeeignet- www.habegger-zwieselberg.ch

Wir sitzen auf der Terrasse und jetzt, genau 20 Uhr, zieht der Wolken-vorhang komplett auf und wir bestaunen den einmaligen, erhebenden Anblick dieser grandiosen Bergwelt. Gleichzeitig läuft im Keller nach der

Schweizer Eisriesen: Eiger, Jungfrau, Mönch

Waschmaschine jetzt der Wäschetrockner. Die Hausherrin wäscht und trocknet unsere komplette, z.T. durchnässte und auf jeden Fall stinkende Wäsche. Wir warten nur noch auf das finale Fotomotiv der sonnenbeschienen Berge. Draußen wird es langsam kühl, wir müssen noch etwas zu Abend essen, ich noch duschen und natürlich diese Zeilen heimschicken. Da das WLAN nur im Freien geht, gibt´s die Bilder mit den Bergen und uns in einem etwas verhängten Zustand.

Pilgertag 11, Freitag, 10.06.2016: Zwieselberg – Rüeggisberg (24 km)
6.15 Uhr, wir wachen beide auf. Draußen schaut schon die Sonne über „die 3". Fertig machen, frühstücken mit allem was der Kühlschrank und das Brotfach hergeben: Eier, Marmelade, Käse, Jogurt, O-saft, … 8 Uhr

bezahlen, je 40,- CHF für ÜF, je 10,- für je 2 Bier und zusammen eine Flasche Wein vom Abend. Wir werden ganz herzlich von Verena und Andreas verabschiedet, ziehen 8.30 Uhr los, größtenteils auf Asphalt, aber eben durch wundervolle Landschaften, im Rücken „die 3", später noch davor der Thuner See, nachdem wir bei Wattenwil eine höllische Steigung um 150 Höhenmeter auf kürzester Distanz gemeistert haben. Zuvor geht´s im Tal der „Grübe" durch schöne Auenwälder, entlang dieses reißenden Gebirgsflusses im Naturschutzgebiet zwischen Blumenstein und Wattenwill mit Badeplatz nach Blumenstein. Mittag machen wir in der Wirtschaft Linde **** in Burgistein auf der Terrasse mit einmaliger Sicht auf Thuner See und die 3 Eisriesen Eiger, Jungfrau, Mönch, davor eine Herde Gebirgsziegen, auf der anderen Seite ein schönes Schlösschen. Gutes Essen, moderate Preise – Salatteller 12,50 CHF, „Ross-Entrecote" 29,- CHF.

Weiter geht´s nach 1 Stunde Pause über schöne Wege, weitere Anstiege auf mittlerweile wieder 930 m NN. 16.30 Uhr sind wir nach 24 km in Rüeggisberg im Gasthof Bären, haben gevespert, da das Essengehen zu teuer erscheint, zumal die Zimmer auch nicht für Pilgerpreise zu haben sind. Morgen haben wir uns 29 km bis Freiburg vorgenommen, wo wir möglichst in einem Kloster unterkommen, dort 2 Nächte bleiben und einen Ruhetag einlegen wollen.

Heute hatten wir den ersten Tag wirklich schönes Wetter. Blauer, wolkenloser Himmel, eine wärmende Sonne die nicht sticht, angenehme frische Luft und noch kein Güllegeruch in ihr. Supertolle Aussichten, vor allem die Rückblicke. Meine beiden Blasen, jeweils an den seitlichen Außenrändern der Fersen, will ich jetzt doch mal mit Karls Blasenpflaster abkleben. Bei ihm hilft das gut, vielleicht ja auch bei mir, entgegen meiner Erfahrungen auf dem Jakobsweg nach SdC. Außerdem muss ich noch 2 kleine Holzzweiglein besorgen und diese so an meinen Einlagen ankleben, dass diese nicht mehr verrutschen können; sie haben einen knappen cm Luft im Schuh und könnten hin- und herrutschen. Der Himmel ist mittlerweile bewölkt und trübt sich ein. Morgen soll es ja wieder schlecht werden und wir haben eine große Etappe vor uns. Aber für die letzten km gibt´s hoffentlich zur Not auch noch einen Bus, der samstags fährt.

(Nachträge zum 10.06. und davor:
Leider ist meine Erkältung, die ich Zuhause schon hatte, immer noch nicht weg, sodass ich laufend „die Nase voll habe". Den Schleim von der Lunge konnte ich jedoch endlich ausspucken.
Die Leute am Weg sind furchtbar nett. Sie geben gerne Auskunft, z.B. wo sich ein Geldautomat befindet, oder sprechen uns an, zum Weg, Ziel, woher, wohin.)

Pilgertag 12, Samstag, 11.06.16: Rüeggisberg – Tafers (23 km)
Wir stehen um 6 Uhr auf, richten uns und in der Gaststube das Frühstück, da die Wirtsleute erst ab 8 Uhr Frühstück anbieten. Später kommt der Pfarrer dazu, den wir tags zuvor bei den Mädels getroffen haben. Er klärt uns über die Kirchenverhältnisse auf: Meist ist die Verteilung unter evangelisch und katholisch von den Kantonen abhängig. In den evangelischen Kantonen wurden die alten Kirchen „reformiert", katholische Kirchen sind immer neu. Uns ist im Kanton Bern aufgefallen, dass wunder-schöne uralte Kirchen z.B. aus dem 9. Jahrhundert, innen vollkommen kahl sind – ev. reformiert eben – manchmal nicht mal ein Altar, nur ein Pult. Beim Frühstück regnet es noch, zum Losgehen um 7.45 Uhr ist es trocken, nach den ersten 100 m fängt´s wieder an, also nach der alten Klosterruine Poncho drüber und über steile Wiesen- und Waldpfade vom Rüeggisberg abwärts. Bei der nächsten Steigung schüttet es. Es geht steil aufwärts, z.T. auf Graswegen und über Weiden mit hüfthohem Gras. Oben kommen wir pitschnass an eine „Tierranch" mit einem Pilgerstübchen, in dem Kaffeemaschine, Getränke, sogar in einem Gefrierfach Eis angeboten wird. Wir brauchen nichts davon außer dem Dach über dem Kopf. Die Kamele, Lamas u.a. Tierarten schauen ganz ungläubig. Nach 25 bis 30 Minuten wird der Regen schwächer; ich ziehe das erste Mal meine Beinlinge an, und als es fast aufhört zu regnen, überfällt uns in ein solches Glücksgefühl, dass wir laut anfangen zu singen. Erst christlich z.B. Halleluja´s, Ehre sei, …, dann Marsch- und Fahrtenlieder. Auf festen Wegen kommen wir gut voran. Nach Schwarzenberg und dem Ortsteil Wart geht es abwärts auf original Römerstraßen *****, z.T. durch die Felsen gehauen mit original Pflasterung versehen, z.T. mit begleitenden Stufen im Fels – so etwas habe ich noch nie gesehen. Durch das Tal der „Sense" geht es drüben genauso phantastisch wieder hinauf, die erste Steigung, wo es nicht regnet. Unterwegs treffen wir einen Pilger aus München, der am Tag seine 30 bis 40 km geht, und – schwub, ist er wieder weg. Oben, vor Heitenried, eine neue wunderschöne Jakobuskapelle und dann türmen sich pechschwarze Wolkentürme auf und ein scharfer Wind bläst ins Gesicht. Am Ortseingang stehen Partyzelte vor einem Industriebau und eine Mitsechzigerin ruft uns zu, ob wir eine Bratwurst wollen. Da ca. 12 Uhr, können wir nicht nein sagen, werden in einer ausgeräumten

Original-Römerweg

Autowerkstatt an einen Tisch geführt und mit Bratwurst, Radler, später Kaffee und Gebäck bewirtet. Der VW-Händler macht zum Anlass der Firmenübergabe an den Schwiegersohn einen Tag der offenen Tür für seine Kunden und so sitzen wir zwischen vielen Schweizern und unterhalten uns gut. Nach dieser unerwarteten und superschönen Pause wollen wir gerade gehen da fällt der Blick der Alt-Seniorchefin (hier sind drei Generationen vertreten) auf Karls Brustschild „Kolping Mosbach". „Das ist doch nicht etwa Mosbach in Nordbaden?" fragt diese ganz aufgeregt. Auf die Antwort: „doch" erfahren wir, dass sie Verwandtschaft in Neckarelz, Bismarckweg haben, dort auch das Gasthaus Eisenbahn kennen, dessen Besitzer, Ernst Bulling doch erst vor kurzem recht jung gestorben sei. Das

ist ein Hallo und eine Freude, die sofort die ganze Gesellschaft erfährt. Beim Abschied habe ich Tränen in den Augen und jetzt beim Schreiben – Gänsehaut.

Es regnet, für die bisher erlebten Verhältnisse „leicht" aber nach wenigen 100 m und noch einige vor der Kirche, die wir zu erreichen hofften, öffnet der Himmel alle Schleusen und Sturzbäche von zig cm Höhe kommen uns auf der Straße entgegen. Schnell an die nächste Hauswand mit Dachvorsprung, das Schlimmste abwartend und dann hinauf zur Kirche – sehr schön anzusehen, leider sehr dunkel. Beim Rausgehen gießt es wieder. Auf den Graswegen, die wir ab- oder aufwärts gehen, kommen uns oft „dreispurig" die Wassermassen entgegen oder schieben uns. Es gibt kaum einen Platz, seinen Fuß zu setzen. Nasses, ewig langes Gras und Gebüsch, das von den Seiten hereinhängt tun ihr

16

übriges. Karl konstatiert: „Wir sind im „Dreistromland". Wir wollen telefonisch Quartier machen für den Abend und den nächsten Tag, aber alles ist besetzt, auch die Pilgerzimmer der 5 Klöster der Stadt und bei der Juhe sagt das Band: „Ab 17 Uhr wieder erreichbar, aber nur noch sehr wenige Betten in gemischten Mehrbettzimmern frei." Da müssen wir es später nochmal probieren. Also weiter, wieder im Regen bis nach St. Antonie, wo wir wieder einen Original Römerweg, in Stein und Fels gehauen, passieren. Die Kirche dort, ein Traum. Beim Eintreten erklingen internationale moderne Kirchenlieder, der ganze Raum ist davon erfüllt und löst Ehrfurcht aus: eine wunderschöne Ausstattung, der Hauptaltar mit seinen Figuren freistehend, aus örtlichem Sandstein gemeißelt, auch die Antonius-Seitenkapelle wunderschön. Hier brenne ich gleich die erste Kerze für die VW-Familie von heute Mittag an. Wir genießen die Atmosphäre mit den wundervollen Liedern und müssen uns förmlich losreißen um weiter zu gehen. Von St. Antoni geht´s ins Tal mit einem herrlichen Rückblick auf die beeindruckende Kirche oben und von ganz oben ist´s mal trocken. Es folgen schöne Wegabschnitte, z.T. entlang von Bächen, eben und ausgemäht, sodass wir gegen 16 Uhr Tafers erreichen. Nach 23 km, meist im Regen und immer wieder steil auf und ab sind wir beide ziemlich fertig. Bei mir ist es vor allem die Außenseite des li. Fußes und dessen Gelenk, bei Karl sind´s die vorderen Fußballen. In der Jakobuskapelle – wiederum ganz toll und außen die Bildfolge vom „Hühnerwunder" in Santa Domingo de la Calzada am spanischen Jakobsweg aufgemalt– finde ich 4 Adressen von privaten Unterkünften und überzeuge Karl möglichst hier zu bleiben und morgen die 6 km nach Freiburg

Jakobskapelle in Tafers

zu gehen und den Ruhetag einzulegen. Bei der zweiten Telefonnummer bin ich erfolgreich und mit nochmals übergezogenem Poncho kommen wir in wenigen Minuten bei Christina an. Wir sind ihre allerersten Pilgergäste. Das erste Mal haben wir ein Doppelbett, ein nicht gerade sehr breites, französisches. Mal sehen, wie da die Nacht wird. Hierzu habe ich in Frankreich auf dem JW schon meine einschlägigen Erfahrungen gemacht. Die Blasenpflaster an den Fersen haben, was die Druckschmerzen angelangt, nicht viel gebracht. Da sie noch gut fest sitzen lass ich sie aber dran. Jetzt geht's nochmal in den Ort, evtl. eine Kleinigkeit essen, haben nichts eingekauft (Samstag) und nur noch wenig Vorräte. Ristorante – Pizzeria am Kreisel, Spaghetti carbonara + 0,3 Radler *** 24,- CHF. Hier gibt´s „Grande-Pizzen" –riesig, sehen toll aus, 18,- bis 22,- CHF. Um 20 Uhr in der Unterkunft, draußen scheint die Sonne!

Pilgertag 13, Sonntag, 12.06.2016: Tafers – Friborg (6 km)
Nachdem wir einigermaßen in unserem 1,60 m breiten französischen Bett geschlafen und gegen 8 Uhr mit Christina bestens gefrühstückt haben mit Zopf, Omelett, … gehen wir los und kommen bei leichtem Regen ca. 11 Uhr in Friborg an (Sprachenwechsel; wir sind jetzt in der französischen Schweiz). Unterwegs rufe ich die Juhe an. Die hätten jetzt jede Menge Betten frei und auch einen Platz mit Schließfächern wo z.B. vor Öffnung der Juhe um 17 Uhr der Rucksack deponiert werden könnte. In der Stadt angekommen, rufe ich noch in drei Klöstern mit Pilgerunterkünften an. Nirgends nimmt jemand ab; Sonntag? Im Smartphone suche ich die Adressen und Lagen heraus, siehe da, die Franziskaner sind gleich um die Ecke. Karl geht hin während ich den Weg zur Juhe eruiere. Nach geraumer Zeit kommt Karl zurück, die haben Pilgerzimmer, aber der Obere ist nicht da und der Hausmeister kann nicht darüber verfügen, hat aber „seinem Chef" unser Anliegen per SMS mitgeteilt. Wir gehen derweil in die Klosterkirche und nehmen an einer italienischen Messe teil. Danach könnten wir auch den zelebrierenden Priestermönch fragen, ob wir im Kloster unterkommen können. Nach der Messe bin ich an der Klosterpforte und Karl geht Richtung Sakristei damit wir den Priester ja nicht verpassen. Zeitgleich wie der Priester zu Karl, kommt der Hausmeister zu mir – wir können die Nacht für 25,- CHF / Person hierbleiben. Das im neu renovierten Kloster neu gemachte Pilgerzimmer mit 6 Stockbetten liegt im zweiten Stock, daneben ein Duschraum mit WC´s und einer Küche. Bettwäsche liegt nur auf einem Bett. Vielleicht bekomme ich noch welche? Hat geklappt - und das Frühstück morgen muss auch noch geklärt werden. Jetzt geht´s erst mal in die Stadt „Füße vertreten". Karl träumt als Buchdruckermeister scheinbar schon jahrzehntelang vom „Guttenberg-Museum" hier, wohin er auch gleich entschwindet. Ich durchkreuze die Stadt auf hunderten von Stufen, da sie in großen Schleifen auf den 50 – 80 m hohen Steilufern der „Sarine" liegt.
Um 16 Uhr treffen wir uns wieder. Karl hat für´s Abendessen eingekauft. Wir warten vor der Klosterpforte bis uns ein Mönch mit hineinlässt. Durch die Renovierung und Modernisierung haben sie noch keine Schlüssel für die Pilger. Zwischendurch waren wir auch noch in der Kathedrale St. Nikolaus, aber die Klosterkirche der Franziskaner gefällt uns viel besser. Hier steht sogar eine Original-Nachbildung der Gnadenkapelle von Einsiedeln mit der Schwarzen Madonna. Wir essen zu Abend, organisieren noch etwas die

nächsten Tage mit Hilfe des Hausmeisters Yannik, der sich bei der deutschen Messe um 19.30 Uhr auch als Messner, Lektor, Altarhelfer und Ministrant entpuppt. Danach haben wir noch eine nette Unterhaltung mit ihm. Er wohnt im 2. Zimmer neben uns. Wir schreiben Tagebuch und wollen bald ins Bett, morgen ist um 6 Uhr Aufstehen angesagt. Die Klosteranlage der Franziskaner ist ein riesiges Areal. Große Gebäude, alles neu hergerichtet und größtenteils vermietet; an Firmen, Institutionen, Studenten …

Ab jetzt wird alles schwieriger. Wir sind in der französischen Schweiz angekommen!

Pilgertag 14, Montag, 13.06.16: Friborg – Orsonnens (22 km)

6 Uhr aufstehen und Marschbereitschaft herstellen. Der „geistliche" Hausmeister, „Sakristiar" ist seine Berufsbezeichnung hier, erwartet uns bereits und wir bekommen ein einfaches Frühstück. 7.30 Uhr geht es los, gleich im Poncho, da es draußen schon regnet. Es geht schnell aus der Stadt hinaus und es wird zunehmend trockener. Im Folgenden brauchen wir nur ab und an den Poncho. Unterwegs besuchen wir schöne Kirchen und Kapellen, kommen über uralte Brücken und wackelige Stege, trinken bei Posat aus der Quelle unter der Kirche von dem heilkräftigen Wasser. Bereits in Ecuvillens gehe ich ins Rathaus und bitte die Vorzimmerdame mit Hilfe meiner bereits auf meinem ersten Jakobsweg hilfreichen Übersetzungen ins Französische, dass sie uns ein Quartier reserviert, was auch klappt.

Unterwegs gibt es gegen Mittag noch eine Kaffeepause, danach ist wieder Regenschutz angesagt, aber bis 14.30 Uhr kommen wir nach 22 km trocken bei den vietnamesischen Zisterziensern im Kloster Notre Dame de Fatima bei Orsonnens an. Wir werden gleich eingelassen und mit Händen und Füßen plus Schreibzeug werden die wichtigsten Dinge geklärt. Gebetszeiten, Abendessen, Frühstückszeit, Schlafmöglichkeiten, Kosten: Ü + HP 40,- CHF. Das Kloster ist in einer ehemaligen Mädchen-Internatsschule untergebracht wo diese Deutsch, Französisch und Hauswirtschaft lernen konnten.

Ich sitze draußen im Garten, ein Bruder kommt vorbei und spricht mich deutsch an. Von ihm erfahre ich später im „Gästesalon" des Klosters viel über die vietnamesischen Zisterzienser. Ein Schweizer Missionar hat in Saigon um 1910 das erste Kloster gegründet. Es folgten viele im ganzen Land. Nach der Trennung des Landes in Nord- (kommunistisch) und Südvietnam (pro amerikanisch) gingen alle Zisterzienser in den Süden. Nach dem Vietnamkrieg wurde sie dort von den Kommunisten verfolgt und vertrieben. Eine Kommunität erinnerte sich an die Wurzeln in der Schweiz, erhielt hier vom Bischof das Gebäude und lebt derzeit mit 17 Brüdern hier. Weitere vietnamesische Zisterzienser gibt es in Frankreich, USA, Kanada und Deutschland – bei Limburg. Untereinander verständigen sich die

Mönche vietnamesisch. Bis jetzt habe ich nur junge Männer gesehen, die hier nach dem Mittagsgebet bei unserer Ankunft in Zivilarbeitskleidung herumwerkeln. Zum Abendessen 18.15 Uhr kommt noch Christian aus Bautzen hier an. Er ist schon 60 Tage von dort unterwegs und will bis SdC. Dafür hat er seinen Job gekündigt und ist auf den Weg gegangen mit einem Budget von 25,- € pro Tag will / muss er auskommen. Dies hat er dem Prior gesagt (über Dolmetscher) und dieser hat ihm die Ü + HP für die 25,- CHF zugesagt. Wir haben uns alle mit ihm gefreut. Zum Abendessen gibt´s gegrillte Hähnchenschlegel auf Reis und Zucchinigemüse mit Sprossen und großer Salatschüssel. Da Christian aus Bautzen Vegetarier ist teilen wir uns den Schlegel und er bekommt dafür mehr Salat und Reis. Einen halben Liter

13. Juni 2016   Herberge im
300 Km   Vietnamesischem Zisterzienserkloster

Rotwein haben uns die Mönche auch noch spendiert.

Nach dem Essen gehe ich zu den Abendgebeten in die Klosterkapelle zu den jetzt 20 vietnamesischen Mönchen. Die Gesänge und Lesungen sind in deren Muttersprache. Eine tolle melodische Sprache und gesungen wie gregorianische Gesänge mit Orgelbegleitung noch schöner.

Christian gebe ich meine Cortisonsalbe und das Arnika-Fluid zum Ausprobieren für seine Schienbeinprobleme. Morgen wollen wir möglichst eine größere Etappe zurücklegen, damit wir Mittwoch in Lausanne sind.

Heute habe ich nach sehr langer Zeit keine Schmerzen in den Fersen (Blasen). Ich spüre sie nur noch, also sind sie noch da. Schlimmer ist der Schmerz im linken Fuß, seitlich. Wenn es nicht mehr auszuhalten ist, muss ich Schuh und Socke ausziehen, den Fuß massieren, dann geht es weiter. Mal sehen, wie sich das entwickelt. Meine Erkältung ist aber nun endlich ziemlich weg.

Pilgertag 15, Dienstag, 14.06.16: Orsonnens – Syens bei Moudon (27 km)
 Heute Morgen hat sich ein Blasenpflaster teilweise abgelöst. Ich fixiere es noch mit Leukoplast. 7.15 Uhr gibt es ein einfaches Frühstück und um 8 Uhr ziehen wir in den strömenden Regen hinaus. Seine Intensität ist mal schwächer mal stärker und ein kalter, rauer Wind bläst ihn uns ins Gesicht. So kommen wir nach Romont mit der schönsten Kirche der Schweiz (laut Yannik). Das können wir unterschreiben, wenn wir die von Einsiedeln

ausnehmen. Die spielt in einer anderen Liga. In Romont finden wir in der Tourist-Info freundliche und herzliche Unterstützung bei der Reservierung der nächsten 2 Quartiere durch eine junge, deutschsprechende Frau. Es geht weiter über Höhenzüge, Regen und Wind peitschen uns entgegen, da wir gerade direkt nach Westen gehen. Wir treffen Christian aus Bautzen bei der Pause. Er hat uns in Romont überholt. Dazu kommt ein Pilger aus Bad Neustadt a. d. Saale. Seine diesjährige Tour begann er in Rorschach am Bodensee, eine Etappe kürzer als unser Weg. Er hat uns nach 8 Tagen überholt und will bis Lausanne, wo sein Weg dieses Jahr endet. Er läuft jeden Tag bis es nicht mehr geht und übernachtet dann im Zelt – bei diesem Wetter ! Da fühlen wir uns in Herbergen und Privatzimmern schon als „Luxus-Pilger". Aber – jedem das Seine.

Kurz vor Moudon hellt es auf und es bleibt trocken. Dort kaufen wir Vesper, Gemüse, Süßigkeiten fürs Abendessen und haben ruck-zuck jeder gleich 2,5 bis 3 kg mehr im Rucksack. Die letzten 5 km zur Unterkunft werden dadurch entsprechend härter. Sie liegt in Syens, südlich von Moudon. Ein tolles Studio, Küche, Bad und im Spitzboden des Daches 2 Schlafräume mit breiten Betten; alles wunderbar und ganz neu. Der Hausherr bringt noch 2 Bier, wir essen den größten Teil der eingekauften Kilo und absolvieren das Abendprogramm wie jeden Tag.

Meine Füße haben die letzten km getobt. Nicht nur die Außenseite am linken Fuß sondern beide Fersen. Nach Entfernen der Pflaster kommen wieder die gleichen Blasen an gleicher Stelle nur dieses Mal viel größer zu Vorschein. Da ich weder mit Schere noch Nadel durch die darüber liegende, dicke Hornhaut komme mache ich eben wieder, nach gründlicher Reinigung unter der Dusche und mit reinem Alkohol, 2 Blasenpflaster drauf. Jetzt klopft es darunter noch mächtig. Mal sehen wie es morgen geht. Ansonsten muss ich mir mal eine Spritze mit dünner Nadel kaufen und versuchen, die Flüssigkeit heraus zu ziehen.

Pilgertag 16, Mittwoch, 15.06.16: Syens – Lausanne (23 km)

Um 6.30 Uhr aufstehen, nachdem ich sehr schlecht geschlafen habe - wohl am Abend zu viel gegessen, da zu viel eingekauft. Es regnet. 8.15 Uhr ziehen wir los. Trocken, aber recht kalt (11 Grad). Ich habe alles Mögliche übereinander an. Karl, obwohl schon mit Regenjacke zieht sogar noch den Poncho drüber um warm zu werden. Unterwegs eine schöne Kapelle bei einem beeindruckenden Gutshof nordöstlich von Montpreveyres mit einem bequemen Weg vom Bachtal herauf. Es geht relativ parallel zur N1 gen Lausanne, über feste Feld- / Waldwege, später wird es immer matschiger und die Brühe steht mir bis zur Oberkante der hohen Schuhe. Selbst direkt vor Lausanne in einem ausgewiesenen Naherholungsgebiet waten wir noch durch knöcheltiefen Morast und kommen ganz eingesaut in der Stadt an.

Unterwegs pfeift ein kalter Wind von vorne aber langsam reißt es auf. Wir haben immer mal gute Sicht auf das Hochgebirgspanorama und die Sonne schaut immer wieder länger durch die Wolken. Den ganzen Tag bleibt es trocken. Wir durchkreuzen mehrere Bachtäler, meist steil hinunter und genauso wieder hinauf. Insgesamt geht es erst 350 Höhenmeter aufwärts und dann über 400 m abwärts an den Genfer See. Die Kathedrale von Lausanne erreichen wir gegen 16 Uhr. Ein imposantes Gebäude, innen eine herrliche Architektur und Ausstattung ****. Es probt gerade ein Chor – welch eine Akustik! In der Kirche gibt es außerdem den letzten Stempel auf unserem Schweizer Jakobsweg mit 327 gewanderten km. In der Tourist-Info bekommen wir einen Stadtplan mit dem Weg zu unserer Unterkunft, dem Backpacker-Hotel und werden bei dem Versuch unterstützt für morgen ein Quartier zu buchen. Leider nimmt am Telefon niemand ab und da die dolmetschende, deutschsprachige Führerin gleich weg muss, kommen wir mit unserem Anliegen auch nicht weiter. Folglich direkt zur Unterkunft, nicht weit vom Bahnhof und der großartigen Altstadt ***. Das Hotel hat Waschmaschinen und Trockner, daher werden nach dem Duschen alle Klamotten durchgewaschen. Während der Trockner läuft gehen wir zum Bahnhof, dort zur Tourist-Info und ein deutschsprachiger Mitarbeiter organisiert uns für morgen eine Unterkunft, allerdings recht teuer für 55,- CHF. Die Günstigere ist telefonisch nicht zu erreichen. Wir wollen es morgen früh nochmal wo anders versuchen. Hier treffen wir auch wieder einen Busfahrer aus dem Fichtelgebirge. Wir haben ihn in Rüeggisberg schon einmal getroffen. Er war dort mit einer Pilgergruppe aus Thüringen. Die wandern jeden Tag auf dem Jakobsweg, bis es nicht mehr geht, informieren dann den Busfahrer, der sie zum Hotel bringt. Die 23 Pilger haben also als „Super-Luxus-Pilger" die gleiche Strecke zurückgelegt wie wir. Getroffen oder gesehen haben wir sie allerdings nicht. Morgens lassen sie sich jeweils wieder zum Endpunkt der Vortagesetappe fahren und so sind sie schon in mehreren Touren vom Thüringer Wald bis hierher gekommen. Diese Tour soll in Genf enden.

In der Unterkunft kommt unser Zimmergenosse Daniel aus Norwegen dazu. Ich unterhalte mich gut mit ihm über seine Heimat und seine Deutschkenntnisse.

Auf der Via Francigena
Pilgertag 17, Donnerstag, 16.06.16: Lausanne – Vevey (23 km)

6.30 Uhr aufstehen. Das Packen geht etwas länger als sonst, da wir ein kleines Zimmerchen (2 Stockbetten) mit 2 Mitbewohnern teilen und die nicht zu sehr stören wollen. Gestern haben wir erstmals Rolltreppen in der Stadt und den Aufzug im Gästehaus genutzt. Zum Frühstück gibt es einen „Pappbecherkaffee" und ein Croissant für 4,- CHF. 8.15 Uhr geht´s hinaus in den strömenden Regen und entlang des Seeufers Richtung Südosten bis Süden auf Promenaden, abenteuerlich auf der Ufermauer, über Kiesstrände, unter tiefhängenden triefenden Bäumen hindurch, über Brückchen und Stege. Dann ein Wechsel über Bahnlinie und Nationalstraße, durch steile Weinberge und wieder runter an den See. Gegen 11 Uhr machen wir in Cully ein zweites Frühstück und es hört auf zu regnen, sodass wir mutig die Ponchos wegpacken. Jetzt geht es hunderte Stufen steil hinauf in die Weinberge und dort in sanftem Auf und Ab durch eine wundervolle, uralte „Kultur-Weinbau-Landschaft" aus der Römerzeit (Weltkulturerbe) ***** mit herrlichen Aus- und Rückblicken. Nach einer Stunde regnet es wieder aber es ist warm genug, dass wir auf die Ponchos verzichten, denn, nass wird

Weinbaugebiet "Lavaux", bereits aus der Römerzeit. Heute Weltkulturerbe

man darunter genauso, nur ist es dann wärmer. In Rivaz kommen wir an die Straße der wir dann entlang des Sees folgen bis zum Etappenziel Vevey. Zuvor in Lutry, ein blaues „I" für Info-Punkt, aber wir sehen nur einen Kiosk. Unschlüssig herumirrend werden wir von der jungen Dame im Kiosk angesprochen. Auf mein „no france – allemagne" ruft sie nach hinten und eine Kollegin kommt, spricht deutsch und telefoniert mit ihrem Handy bzgl. einer Unterkunft für uns heute Abend. Die erste Nummer - es meldet sich wieder niemand, wie bereits gestern von Lausanne aus.

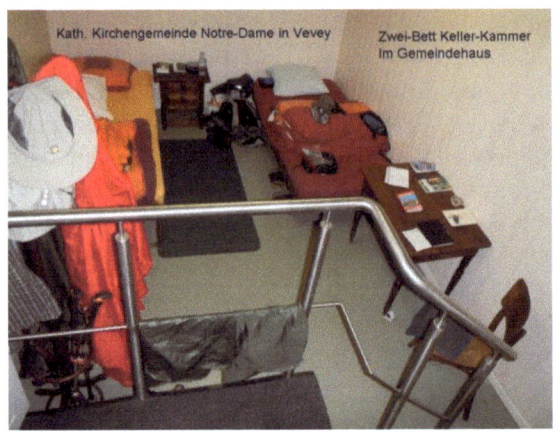

Kath. Kirchengemeinde Notre-Dame in Vevey   Zwei-Bett Keller-Kammer Im Gemeindehaus

Die nächste, die der kath. Kirchengemeinde Notre Dame in Vevey meldet sich und sagt eine einfache Unterkunft zu, wenn wir bis 16.30 Uhr bei der Kirche / Sekretariat sind. Um 14 Uhr erreichen wir den Ortseingang von Vevey, gehen einen Sandwich essen und ich suche dabei auf dem Smartphone die Lage / Straße der Kirche. Frisch gestärkt geht´s weiter und ca. 15.15 Uhr sind wir da. Die Sekretärin spricht etwas deutsch, zeigt uns das Pilgerzimmer im UG des Gemeindehauses und sagt auf meine Bitte hin telefonisch eine andere Unterkunft ab, die wir gestern von Lausanne aus reserviert hatten (55,- CHF/Person; hier: freiwillige Spende – wir geben jeder 20,- CHF). Leider regnet es draußen wieder und wir verschieben das Einkaufen fürs Abendbrot nach hinten. Um 18.15 Uhr ist in der Kirche eine Messe an der wir teilnehmen wollen. Wir sind auf unserem Weg erstmals in einer Kirchengemeinde untergekommen. Schade, dass es so etwas nicht öfter gibt, was auch für Deutschland und z.B. Mosbach gilt.

Abends im Regen einkaufen, im Regen zur Messe, im Regen wieder raus und morgen geht's im Regen weiter. Das ist unser erster Tag auf der „Via Francigena". Das Wanderzeichen hat sich geändert: die 70 mit einem rucksackbepackten Pilger statt der 4 mit der Muschel vom Jakobsweg. Die Markierung ist genauso perfekt wie die ganze Zeit. Da könnten sich die Norweger zig Scheiben davon abschneiden, die Spanier sowieso. Selbst die Dänen und die deutschen Markierer können hier noch etwas lernen.

Pilgertag 18, Freitag, 17.06.16: Vevey – Aigle (25 km)

Es geht trocken entlang des Seeufers der mondänen Stadt Montreux entgegen. Dort auf der Seepromenade entlang prächtiger Hotelbauten und Hunderter von Buden, da hier z.Z. ein riesiges Musikfestival stattfindet. Da mitten drin finden wir die Tourist-Info und eine nette junge Frau hilft uns wieder bei der Herbergssuche am Zielort Aigle. Die Adressen im PiFü sind entweder belegt oder nicht erreichbar. Sie findet ein kleines Hotel das uns für 50,- CHF pro Person aufnimmt. Private Unterkünfte, B&B etc. kosten auch so viel und mehr. Weiter am Seeufer entlang, es hellt etwas auf und ab und an spitzt sogar mal die Sonne durch. Wie passieren „Chateau de Chillon", ein wunderschönes Wasserschloss auf einem vorgelagerten Fels im See. In Villeneuve verlassen wir endgültig den Genfer See. Es geht durch Industriegebiete, Arbeitersiedlungen, über Hochwasserschutzdämme, vorbei an großen Kompost- / Biogas- und Kläranlagen, oft zwischen einem wildwasserähnlichen Gebirgsfluss und den schützenden Hochwasser-schutzmauern. Wir kommen in die letzten Weinberge vom „Lavaux", einem Weinbaugebiet seit der Römerzeit und Weltkulturerbe. So erreichen wir bereits vor 15 Uhr Aigle, suchen gleich die Tourist-Info am Weg auf um für morgen und übermorgen Quartier zu machen. Im Kloster von St. M. heißt es wie schon heute Morgen: der Verantwortliche sei nicht da, für Sonntag finden wir ein Quartier in einem Mehrbettraum eines Campingplatzes in Martigny. Wegen der Samstag-Übernachtung sollen wir 16.30 Uhr nochmal kommen

Schloss von Aigle

und anrufen, was wir tun, aber jetzt heißt es, alles sei voll. Auch bei anderen Unterkünften finden wir keinen Platz oder sie sind furchtbar teuer. Folglich müssen wir uns morgen auf ein Abenteuer einlassen. Zwischendurch beziehen wir Quartier, Karl, „der Süße" geht Kaffee trinken, ich durchstreife in Halbschuhen und kurzer Kleidung die Stadt. Es ist 22 Grad warm, weiß-blauer Wölkchenhimmel mit mehr oder weniger großen dunkelgrauen Flecken. Im Coop kaufen wir fürs Abendbrot ein; hier gibt´s halbe Hähnchen, Gemüse und Radler (Panaché) dazu, was dann im Hotelzimmer verzehrt wird. Mittlerweile wird es schon wieder ganz schwarz über den Bergen.

Pilgertag 19, Samstag, 18.06.16: Aigle – Evionnaz (25 km) Zug bis Martigny

6.30 Uhr aufstehen und: heute ist vieles anders. Wir gehen in der Stadt in einem Café frühstücken. Draußen ist blau-grauer Himmel, kurze Kleidung ist angesagt und es schein die Sonne. Der Weg führt uns nach Aigle vorbei an einer uralten romanischen Kirche (reformiert) mit sehr stilvollem Altarraum und beeindruckenden Glasfenstern. Wenig weiter eine großartige Schlossanlage in den Weinbergen, durch die es für uns weitergeht, immer wieder zurückblickend auf Stadt und Schloss. Wir kommen an den Talflanken in den Wald und, wie später nochmal, vertun wir uns und sind zu tief am Hang. Aber wir finden immer wieder weiter, auch wenn wir fragen müssen. Unterwegs kreuzen wir zweimal eine „Straßenbahnlinie" aus der Stadt hier über die Berge hinüber ins nächste Tal mit spektakulären Steigungen und Gefällstrecken ***. Wir treffen unseren „Franci", das Wanderzeichen der Via Francigena an der Kirche von Ollon und verlieren ihn dort gleich wieder, weil wir dem „Jakob" folgen – eine allgemeine Wanderwegkennzeichnung für alle Wanderwege. Der Franci taucht oft nur noch an großen Wanderwegkreuzungen auf. Dafür sind wir im Tal und die Via Fr. krabbelt irgendwo oben in den Weinbergen herum. An einem kerzengerad kanalisierten Gebirgsfluss mit Wasseramseln finden wir sie wieder und erreichen ca. 11 Uhr Massonqex und der Franci ist wieder weg. Nach dem Besuch der dortigen Kirche, die direkt an der Rhone steht, fragen wir einen Passanten nach dem Weg und der Möglichkeit, einen Kaffee zu trinken. Nachdem er uns beides in bestem Deutsch erklärt hat outet er sich als Bürgermeister der Gemeinde, zeigt uns die Attraktion des Ortes, eine ca. ein Quadratmeter großes, original erhaltenes Mosaik aus Römerzeit hinter einem Fenster, an dem wir gerade vorbeigelaufen sind und das wir wegen fehlendem Hinweis gar nicht wahrgenommen haben. Auf unsere Bemerkung, dass wir doch hier eine kath. Kirche haben, es dort aber keinen Pilgerstempel gibt, nimmt er uns mit ins Rathaus, wo wir einen Stempel der Gemeinde bekommen. Wir finden das beschriebene Café, machen eine schöne Pause, dann geht es weiter, immer noch trocken und teilweise bei Sonnenschein und – ich spüre keinerlei Schmerz wie schon den ganzen Vormittag. Bereits kurz vor 12 Uhr kommen wir in St. Maurice an, dem eigentlichen Etappenziel (17 km) aber da wir hier kein Quartier gefunden haben, im Augustiner-Chorherrenstift sind die acht Pilgerplätze belegt, die Franziskaner wollen 60,- CHF/Person, sind angeblich auch voll und Zimmer (DZ) drumrum gibt´s ab 145,- CHF. Nach Durchschreiten der spektakulären „Rhone-Enge" mit Schloss, Wehranlage, Bunkern usw., in der bereits zu Römerzeiten Tausende ihr Leben verloren, und nach dem Besuch der Klosterkirche *****, der Abtei (wegen des Stempels) und einem netten, streitbaren Gespräch mit einem Schweizer über Sinn und Unsinn einer solcher Pilgerreise, die, O-Ton: "doch nur die Gelenke zerstört", ziehen wir durch das alte Städtchen, vorbei an der Capelle de St. Mauritius, der hier als christlicher römischer Feldherr mit seinen 6.000 christlichen Legionären das Leben verlor durch die eigene, sprich römische Armee, und weiter auf schönen Wegen, seit der Kapelle mit Poncho, also regnet es wieder, aber nur ein kurzes Stück. Der Plan ist, in den nächsten Ortschaften nach Bushaltestellen Ausschau zu halten. Aber hier fahren samstags nur ca. alle 3 Stunden „Ruftaxis" - wer weiß wohin. Oder an der Bahnlinie auf einen Bahnhof zu stoßen und mit dem Zug zum Etappenziel Martygny zu fahren. Die Etappe wäre nochmals 18 km lang (Gesamttagesleistung dann 35 km), das schaffen wir nicht. In Evionnaz finden wir nach mehrmaligem Fragen die Haltestelle sehr weit außerhalb, der Zug fährt in 40 Minuten und 9 Minuten später sind wir am Zielbahnhof. Auf dem Smartphone habe ich bereits Ort und Lage des Campingplatzes gefunden, vertue mich aber im Bahnhof mit der Richtung und erst nach Aktivierung des GPS drehen wir um und entgegengesetzt geht´s durch die Stadt zum C-platz. Dort haben wir ja schon von Aigle aus für Morgen eine Übernachtung gebucht. Von unterwegs rief ich an und habe die Buchung um diese Nacht verlängert. In einem festen Gebäude des C-platzes gibt es 3 Zimmer mit je 4 Stockbetten und WC und Duschen für alle auf dem Flur für 21,- CHF. Ich ärgere mich immer mehr über die Überheblichkeit und Ignoranz der Mönche in den Klöstern hier, die mit einigen „Hanseln" in riesigen Gebäudekomplexen residieren und dann gerademal ungefähr 8 Pilgerbetten vorhalten und das oft noch für horrende Preise. Dabei sieht man z.B. hier, wie einfach eine schöne Herberge auszustaffieren und zu betreiben ist. Aber die Kleriker sind sich dazu wohl zu fein und zu heilig.

Nach dem Einkauf im nahen Coop fürs Abendessen kommt wieder die alltägliche Routine. Am nächsten Tag fahren wir mit dem Zug zurück und laufen die 10 km bis hierher, sehen uns die Stadt an und machen einen halben Ruhetag. Am Montag erfahren wir hoffentlich wie der Große St. Bernhard-Pass begehbar ist, auf den Wanderwegen oder auf der Passstraße? Der Bürgermeister heute Morgen hat gesagt, diese Nacht habe es da oben noch geschneit.

Pilgertag 20, Sonntag, 19.06.16: Evinnanz – Martygny (10 km), mit dem Zug 10 km zurück

Mit dem Zug, aber nur mit leichtem „Sonntagsspazierganggepäck" fahren wir 9.10 Uhr an die Station des Vortages zurück. Zuvor informieren wir uns unterwegs noch über die Öffnungszeiten der Tourist-Info und der Post. Zurück auf der Via Franci. fängt es gleich wieder an zu regnen. Unsere leichten Regenjacken halten dem nicht lange stand. Es geht durch alte

Dörfer mit Natursteinhäusern, Schieferplatten gedeckt zum „Pissevache"-Wasserfall **** (Vache heißt Kuh- den Rest kann man sich denken). Weiter durch schöne Feuchtgebiete mit Info-Tafeln über die Gelbbauchunke u.a., über herrliche Wald- und Wiesenpfade entlang der Talflanke, durch große Steinschlagfelder mit verstreut liegenden, riesigen „Hinkelsteinen", auf alten Römerpfaden, durch Ruinenfelder früherer Befestigungsanlage, entlang von Aprikosen- und Apfelplantagen **** bis zurück nach Martingny, an Burg ***, Kapelle, alter, überdachter Holzbrücke und Kathedrale vorbei.

Martigny 18. Juni 2016

11.30 Uhr sind wir da und es hört auf zu regnen. Bei der T-Info reservieren wir die Unterkunft für morgen, erfahren, dass der St. Bernhard schneefrei ist und die Wanderwege begehbar sind und am Mittwoch dort schönes Wetter mit Sonne sein soll. Wir erhalten noch den Stempel in die Pilgerpässe und gehen zur Feier des Tages Spagetti essen.

Zurück am C-Platz gibt´s erst Mal ein 20 Min. Mittagsschläfchen.

Im Tal der Rhone in Richtung Großer St. Bernhard-Pass

Dann ist mein „Leidens-„Druck" mit den Fersenblasen so groß, dass etwas geschehen muss. Die Blasenpflaster haben bei mir wieder nichts gebracht. Sie haben keinen ml Flüssigkeit aus den Blasen absorbiert, evtl. nur die Reibung etwas verhindert.

Während Karl einkaufen geht desinfiziere ich mit Ethanol die Haut, mit einer Nagelschere, einer Nadel und meiner Taschenmesserschere gelingt es mir dann in der altbewährten Methode blutschwitzend je einen Schnitt durch die lederfeste Haut der 5 Markstück großen Blasen zu setzen, aus denen links das Wasser spritzt und rechts gelbgrün-schleimiger Eiter austritt. Morgen klebe ich die Fersen mit Leukoplast ab, damit nicht die jetzt lose aufliegende „Lederhaut" abgeht und das rohe Fleisch zum Vorschein kommt. Nach kurzer Erholungspause fühle ich mich richtig gut, wasche Socken u.a. und als Karl zurück kommt gehen wir mit den gekauften Kuchen und Süßstückstückchen Kaffee trinken und auf der Terrasse des C-Platzes in der Sonne Tagebuch schreiben.

Wir erkunden noch den morgigen Wegeanfang und besuchen einige der vielfältigen römischen Ausgrabungsstätten und Denkmäler, erfahren wieder einiges über den St. Bernhard-Pass der z.B. durch einen römischen Kaiser der Walliser um 50 n.Ch. dauerhaft überfahrbar ausgebaut wurde. Auch ein gut erhaltenes Amphitheater gibt es hier noch mit ca. 5000 Plätzen. Von hier kann man über schöne Alpenpässe oder mit Panoramazügen z.B. zum Mont Blanc fahren *****. Unser Sonntagabend klingt aus mit einer Flasche Rotwein für 3,85 CHF, Butterbrot und einem Gemüserest (Cocktailtomaten für Karl, Stangengurke für mich), etwas Schokowaffeln und Studentenfutter, sodass alle Vorräte verbraucht sind und wir nichts auf den Berg tragen müssen, denn jetzt wird es alpin, mit Steigen, Seilsicherungen und Rösten.

Pilgertag 21, Montag, 20.06.16: Martigny – Orsieres (21 km) 6.15 Uhr aufstehen, nach dem Frühstück 7.15 Uhr gehe ich in die Stadt zur Post, hole mein vorausgeschicktes Paket ab, nehme heraus: die Italien-Unterlagen, den franz. Pilgerhut, das Moskitonetz, … und lege vieles hoffentlich Unnötiges hinein, gebe das Paket wieder auf und schicke es heim (45,- CHF). 8.30 Uhr geht es am C-Platz los, mit wesentlich leichterem Rucksack, in kurzer Kleidung und bei strahlend blauem Himmel in die Berge, hinter

denen gerade die Sonne aufgeht. Ab dem Martigny La Croix - Bahnhof ein wundervoller Weg, wie wir bis dato noch keinen hatten *****, und das nicht nur wegen der Sonne und den tollen Ausblicken. Es geht auf herrlichen Pfaden insgesamt 740

Höhenmeter hoch und 340 runter. Durch Fels- und Steinlabyrinthe, dunkle Wälder und blühende Bergwiesen, vorbei an Kräuterfeldern mit Thymian und Kamille, schönen, auch mir unbekannten Orchideen, über und entlang von alten Trockenmauern, Gebirgsbächen, gemähten Wiesenwegen, Wurzelfeldern, in immerwährendem z.T. steilen Auf und Ab. Ein Wanderpaar vor uns geht das zweite Mal den falschen Weg. Beim ersten Mal bemerkte ich es und wir blieben auf der richtigen Strecke. Jetzt gehe ich ihnen nach und an einer spektakulären Felsenpassage erwarte ich Karl mit dem Fotoapparat in der Hand. Aber er kommt nicht. Nach längerem Warten gehe ich zurück und stelle oberhalb der Felsen fest, dass dies gar nicht der richtige Weg ist. Die Markierung weist oberhalb vorbei. Nach einem etwas strengeren Marsch hole ich Karl ein und der wundert sich, dass ich hinter ihm bin. Man könnte die Strecke hoch oder runter wandern (18 km) und mit dem „St. Bernhard-Express" zurückfahren. 12.30 Uhr kommen wir nach Sembranche, finden ein Café / Pizzeria ***, machen unsere Mittagspause mit je 2 Cappuccino und einer Pizza halbiert (Große Pizzen für 15,- - 21.- CHF reichen fast für 2 oder Maxi = riesig. Auch schöne, günstige Menüs gibt's ab 18,- CHF), bevor es auf den wunderschönen Wegen weitergeht. Um 16 Uhr kommen wir am Tagesziel Orsieres an, finden am Bahnhof den kombinierten Bahn- / Tourist-Info-Schalter, erfahren, wo unsere Unterkunft ist und mit viel Geduld reserviert uns die Dame dort die kommenden beiden Übernachtungen, die letzten in der Schweiz und am Mittwoch die Finale am Pass des Großen St. Bernhard. Wir gehen einkaufen und beziehen unsere feudale B&B Unterkunft, lüften die Kleidung in der Sonne auf dem Balkon, genießen sie, die warme Luft, das Radler, eigentlich alles. Meine Füße und der Rest sind ebenfalls super drauf.

Pilgertag 22, Dienstag, 21.06.16: Orsieres – Bourg-Saint-Pierre (15 km)
7.15 Uhr ein fürstliches Frühstück, 8 Uhr Aufbruch, den Schlüssel vom ganzen Haus in den Briefkasten da die Hausherrin um 6 Uhr schon zur Arbeit geht. Karl hat den Weg am Vorabend erkundet und so finden wir unseren Franci sehr schnell. Es geht gleich kräftig bergan, weil es nass und verhangen ist, in langer Kleidung. Nach einer halbe Stunde wird´s uns schon warm und wir stellen um auf kurz. Zuerst kommt immer mal die Sonne durch, doch nach ca. 2 Stunden wird es wieder feucht, aber nur so viel, dass es ohne Regenkleidung geht. Weiter über Forststraßen, Pfade, Wiesenwege – die meisten sogar frisch gemäht, durch herrliche Blumenwiesen, Orchideenhänge, schöne Waldabschnitte. 880 m im Aufstieg, 140 im Abstieg und nach 15 km erreichen wir bereits 12.30 Uhr unser Tagesziel. Zum Pass

sind es noch 4 Stunden, aber da wir den Weg genießen wollen und morgen wieder schönes Wetter sein soll, bleiben wir hier in dem verschlafenen Nest. Nachmittag: Kaffee trinken mit Apfelkuchen (20,- CHF), Erkunden des Umfeldes – hier gibt´s einen schönen Alpengarten, eine sehr interessante Mühle – das erkunde ich, Karl den weiteren Weg.

Pilgertag 23, Mittwoch 22.06.2016: Bourg-Saint-Pierre – Gr. St. Bernhard-Pass (14 km)
980 m Aufstieg, 140 m Abstieg. 7.30 Uhr gestartet nach einem Frühstück mit Wasser und Keksen (was anderes gibt es in dem Nest nicht), bei vollkommenem Wetter mit stahlblauem Himmel. Nach einer klaren Nacht mit Vollmond ist es ziemlich frisch (max. 10 Grad) aber nach einer Stunde kommt die Sonne über die Berge und es wird wunderschön. Vor der

Staumauer des Lac des Toules sehen wir 3 Hirschkühe, dann den Stausee, leider mit wenig Wasser drin. An der Einfahrt zum Tunnel haben wir wegen eines Erdrutsches den Abzweig verpasst und müssen ein Stück zurück. Es geht auf Pfaden immer höher, reißende Bäche, kleine Rinnsale, grasende Kühe und wundervolle Alpenblumen begleiten uns. Bei alten Gebäuden beobachten wir Murmeltiere, oben gleitet ein Adler, Kolkraben singen und spielen im Wind. Steinschmätzer warnen pfeifend. Alpenglöckchen, Enziane, Orchideen, Troll- und Sumpfdotterblumen, ganz oben blüht der Huflattich in schneefreien Spalten. Vom ersten zum zweiten Tunnelentlüftungsturm ein super Weg *****, z.T. noch die Pflasterungen von den Römern, absolut ergreifend. Dann die ersten Schneefelder, erst klein und schnell gequert, dann die letzten eineinhalb Stunden und 200 Höhenmeter so gut wie nur noch Schnee. Nicht zu steil, griffig, aber zweimal bin ich durchgebrochen, einmal in einen kleinen Bach bis zum Schritt eingesunken. 13.30 Uhr sind wir am Pass, welch ein Gefühl das in 6 Stunden geschafft zu haben! Wir werden freundlich von einem Augustiner Chorherren von St. Bernhard (von Aosta) mit Tee empfangen und gut über alles informiert: Gebets- und Essenszeiten, Interessantes zum Weg und zum Hospiz, das von den Mönchen des Ordens seit 1045 n.Ch. hier durchgängig Sommers wie Winters betrieben wird. Die Üb im Mehrbettzimmer (8 Stockbetten) und HP kostet 48,- CHF.

Großer St. Bernhard, 2473 m
22. Juni 2016
520 Km

Zuerst sind wir alleine im Zimmer, gegen 17 Uhr (ich telefoniere gerade draußen mit Sigrid) kommt Martin aus Düsseldorf durchs Schneefeld hochgestapft, jetzt ist er bei uns im Zimmer. Wir bekommen Freikarten fürs Museum **** mit der Geschichte des Passes ab 2000 v. Ch., von den Kelten über die Römer zu Napoleon, der 1800 n.Ch. mit 46.000 Soldaten über den Pass zog. Auch über die Bernhardiner-Hundezucht sowie über Flora und Fauna, Bergsport und –gefahren wird hier sehr anschaulich berichtet. Danach geht es noch in die Schatzkammer des

Hospizes mit wundervollen Stücken sakraler Kunst. 18.15 Uhr ist hl. Messe danach Abendessen, duschen, waschen, etc.

Die Messe mit den Mönchen in der Krypta des Hospizes war sehr ergreifend. Wie dann beim Friedensgruß der Pater mir die Hand gab und sagte: „Der Friede des Herrn sei mit Dir" – pure Gänsehaut und bei der Kommunion „das Blut Christi", da bin ich stark den Tränen nah und zurück an meinem Platz kann ich sie nicht mehr halten. Hier ist wahrhaft ein „segnender" Ort bzw. der Ort ist ein Segen.

Pilgertag 24, Donnerstag, 23.06.16: Großer St. Bernhard-Pass – Gignod (23 km)

7.15 Uhr Laudes mit den Mönchen in der Krypta. 8 Uhr Frühstück zusammen mit Martin und Ute aus Hildrizhausen, die wir beim Abendessen kennenlernten und die Wanderurlaub in den Schweizer- und italienischen

Auf "Ruswegen" entlang von Bewässerungsgräben

Alpen macht, als alleinstehende Mitvierzigerin allein auf Bergtouren in Schnee und Stein. Wir starten alle vier ca. 9.15 Uhr bergab. Ute biegt nach 30 Min. wieder bergauf ab. Sie will in ein anderes Tal und muss dabei über einen vollkommen verschneiten Pass. Wir steigen auf herrlichen Pfaden z.T. steil bergab. Murmeltiere sitzen am Weg. Vor lauter Faszination über den tollen Weg, die strahlende Sonne und das „Super- gut –gehen" vergesse ich total, Bilder mit dem Handy zu machen.

Wegabschnitte *****, die nochmals begangen werden wollen: Vom Pass bis Saint-Leonard (alpin), bis St-Oyen (alte Passwege), bis Echevennoz (entlang sogenannter Waalwege und Passpfade) ca. 4,5 Stunden. Von hier oder unterwegs mit dem Bus wieder auf den Pass! *****

In Etroubles essen wir um 13 Uhr einen Salat, Karl noch ein Eis und um 14 Uhr macht die Tourist-Info auf. Wir müssen für heute Abend noch ein Quartier buchen; möglichst in Gignod (991 m NN) ca. 23 km, von hier noch 2.5 Stunden. Nach Gignod geht es dann furchtbar steil auf kurzer Distanz 200 Höhenmeter hinunter.

17 Uhr Ankunft im Hotel Belleven, 74,- € DZ+F. Zuvor geht es ca. 6 km fast waagerecht auf Waalwegen (Bezeichnung der Wege entlang von Bewässerungsgräben im Meraner Land), hier heißen sie Ruswege, die z.T. in der Natur, dann wieder in Betonschalen, Rohren oder verdolt verlaufen. Kreuzende Bäche werden unterquert, Felsen durchhöhlt, und das schon seit dem 14. Jahrhundert. Super schön ****, besonders der Abschnitt zwischen Echevennoz und der Grotte „ Je tu salute" bei Condemine / Buthier. Kurz vor dem Hotel werden wir auf Nachfrage von einer Passantin nochmals über die Burg des Ortes geschickt, wieder rauf und runter. Dabei hätten wir nur weiter um die Kurve müssen. Die 1500 Höhenmeter abwärts auf 23 km sind für Hüft- und Kniegelenke sowie für Schienbeine und Oberschenkel echt grenzgängig. Noch weiter runter hätte es heute nicht mehr gehen dürfen. Unterwegs sehen wir die Heuernte an den extrem steilen Abhängen in vollem Gange. Mit viel Handarbeit und z.T. abenteuerlichen Maschinen und Fahrzeugen wir hier gearbeitet. Wir kommen an einem völlig schiefen und zudem überladenen Gefährt vorbei und beeilen uns, ganz schnell wegzukommen, damit wir das Umstürzen des Gefährts nicht erleben müsse. Zum Abendessen gibt es Pizza rustica groß für 8,- €, der Supermarkt ist viele hundert Meter weg und laufen wollen wir nicht mehr. Auf der Terrasse des Hotels lassen wir den Abend aufklingen und planen für morgen 1,5 Etappen.

25. Pilgertag, Fr. 24.06.16: Gignod – Nus (23 km)
Nach einem Frühstück vom Buffet mit allem möglichen nur keinem vernünftigen Brot geht es 8.10 Uhr 400 Höhenmeter auf 9 km hinunter nach Aosta. Gute Wege, schöne Aussichten und Rückblicke.
In Aosta, einer wunderschönen norditalienischen Stadt **** besuchen wir die Kathedrale und die Klosterkirche vom hl. St. Oir, beide ****, eine tolle Innenstadt mit noch vielen römischen, teils christianisierten Bauwerken. In den Arkaden treffen wir Margot und Klaus aus Radolfzell, die uns in div. Gästebüchern u.a. in Orsieres schon begegnet sind. Auch Ute kannte die Beiden. Ihr „Weg" von Lausanne endet hier und sie fahren jetzt heim, um ein andermal weiter zu machen. Margot kennt Rudi Kramer aus Mühlhausen, den ich auch kenne. (Anmerk. der Redaktion: und die Leser dieses Beitrages wohl auch.) Das erste italienische Eis ist fällig. 3 große Kugeln für 2,50 €, super gut.
Aus Aosta hinaus finden wir die Markierung nicht und kommen zu tief ins Tal. Mit Nachfragen finden wir St. Christophe und dort an der Kirche wieder unseren Weg, der erst ansteigt und dann, auf halber Höhe, wieder als Rusweg entlang von Bewässerungsgräben nach Südost verläuft. Wunderschöne Aus- und Rückblicke, südliches Flair, Dutzende Eidechsen an Straßen- wie Wegrändern und Mauern. Auch ein Eichhörnchen kreuzt den Weg sowie ein ganz kleiner Igel, der sicherlich noch seine Mutter

braucht. In den Weinbergen gibt es Kiwi-Plantagen, reife Kirschen am Wegrand, erste rotbackige Pfirsiche und Sonne satt bei ca. 30 Grad. Auf über 10 km gibt es weder einen Kaffee, noch ein Cola, Karl lechzt nach einem Eis, dafür kommen wir an zwei schönen Schlossruinen vorbei. Hier gibt´s wenigstens einen

Krypta im Dom von Aosta

Wasserhahn, um die Trinkflaschen aufzufüllen und das Salz aus dem Gesicht zu waschen.

Die meisten Kirchen und Kapellen am Weg sind geschlossen, Stempel gibt es da eh keine mit Ausnahme der Kathedrale von Aosta. Nachdem wir zuerst dort keinen Stempel fanden sprach Karl eine alte Frau in der ersten Kirchenbank an und siehe da, die zog den Sakristeischlüssel aus der Schürzentasche und gab ihn mit vielen italienischen Worten einer jüngeren Frau, die mit uns zur Sakristei ging, uns draußen warten hieß, aber ohne Stempel zurück kam. Mittlerweile kam auch die alte Frau mit ihrem Rollator an und erklärte nochmals den Aufbewahrungsort des Stempels, wo er dann auch gefunden wurde. Allerdings gab ihn die Frau nicht aus der Hand und stempelte höchstpersönlich unsere Pilgerpässe.

In der Kathedrale, direkt vor dem Altartisch, befindet sich unter einer Glasplatte ein gut erhaltenes römisches Mosaik. Auch die Kapitelle in der Krypta unter der Kirche weisen römische Herkunft aus.

Nach einem wiederum furchtbar steilen Abstieg von den Ruswegen runter kommen wir um 16 Uhr in Nus an, das angestrebte Hotel öffnet erst um 18 Uhr, beim B&B macht niemand auf. Wir sitzen außen an

einer Bar und trinken erst mal ein Radler. Danach fragen wir die Wirtin mit Hilfe meines Übersetzungszettels, ob sie beim Hotel Florian anrufen und für uns Quartier machen würde. Die Antwort wurde von der Wirtin in italienisch in einen PC-Translator getippt und wir erhielten die Antwort: Der Mann erwartet uns. Wir hin, beziehen ein 2-Bett-Zimmer für 45,- € und gehen später runter zum Essen, Menü: Spagetti Peperoni, Beefsteak ist eigentlich ein Schweinebraten, dazu Zucchinigemüse, keine Beilagen, zum Dessert: Vanille-Eis mit Schoko-Sauce, das Ganze für 15,- €.

Pilgertag 26, Samstag, 25.06.16: Nus – Montjovet-Berriaz (26 km)
Schon vor 6 Uhr aufstehen, zum Frühstück gibt`s O-saft und Kekse vom vortägigen Einkauf. 6.45 Uhr, bei bewölktem Himmel und ca.20 Grad starten wir. Es geht gleich wieder in die Bergflanke zwischen Weinberge, Wiesen und Felswände. Gleich sehen wir Grün- und Buntspechte, 2 Wiedehopfe, Baumfalken, Neuntöter und der Gesang der Nachtigall begleitet uns den ganzen Tag. Wieder sehr oft entlang von Bewässerungskanälen, Abstiege in die Dörfer zu Kirchen und Kapellen, Aufstiege immer steil, oft steinig und nass, da überall Regneranlagen laufen, die hier selbst die abgemähten Wiesen beregnen, damit in der Trockenheit nochmals etwas aufwächst. Die Blicke zurück Richtung Aosta werden immer spektakulärer, da wir immer weiter aufsteigen. Kurz vor 12 Uhr erreichen wir Chatillon nachdem wir bereits um 10 Uhr in Chambave eine Kaffeepause machten und die letzten Kekse aßen. Wir gehen zur Post und Karl schickt v.a. seine warmen und zusätzlichen Dinge nach Hause, ich meine Regenjacke (Paket, 2,5 kg, 15,- €). Wir wiegen unsere Rucksäcke, beide 12 kg einschl. 2 ltr. Wasser und allem was so dran rumbaumelt. Bei mir sind sogar noch die schweren Bergschuhe drin, da ich erstmals in den „Lauf"-Halbschuhen unterwegs bin, was nach gewisser „Einlaufzeit" super geht, nur die Gelenke müssen sich dran gewöhnen. Mittags kauft sich Karl ein Arnika-Gel für die schmerzenden Füße, dann machen wir Pause in einem Café. Draußen prasselt ein Gewitter herunter, dass Straßen und Plätze vollkommen überspült werden. Nach einer Stunde ist das Schlimmste vorbei, es geht weiter, Karl im Poncho, ich noch kurz, außer mit zusätzlichem Unterhemd, Regenhut und den schweren Schuhen, da die Laufschuhe keinerlei Wasser abhalten. Es hat gefühlte 25 Grad und der leichte Regen schadet nicht. Gegen 14.30 Uhr kommt die Sonne wieder durch und es wird gut warm und dampfig. Wir treffen wieder zwei Australierinnen, die ebenfalls nach Rom unterwegs sind.

Seit Aosta begleitet uns der talbestimmende Gebirgsfluss Dora Baltea, der hinter St. Vincent durch eine enge Schlucht bricht. Überall stehen Burgen und -ruinen, die die Wichtigkeit dieses Tales auch in früherer Zeit bestätigen. Wir umgehen diverse Burggipfel, einmal bin ich so vollkommen gedankenlos, dass ich einfach irgendwelchen gelben Schildern folge und glatt bei einer Burgruine lande. Karl, der in der Regel hinter mir ist, ist zuvor mal stehen geblieben, um mit einer Passantin über das Ziel unserer Reise „Roma" zu palavern, obwohl er – sie und sie – ihn nicht versteht. Nachdem ich bei der Ruine keine WZ mehr sehe kehre ich um und finde unten einen Wegweiser, versteckt hinter einer Kapelle, der ins Tal hinabzeigt. Ich rufe Karl an, dass ich hinter ihm bin und sehe bald die zwei Australierinnen und dann Karl weiter unten am Berg. Es geht noch über einen uralten „Konsularweg" auf altem Pflaster, z.T. mit Wagenspuren in die Felsen eingefahren. 16.30 Uhr kommen wir nach 25 schönen km am Ziel an. Karl fragt im Pfarrhaus nach einer Unterbringung bzw. Herberge. Der alte Priester versteht nichts und antwortet italienisch, was wir wiederum nicht verstehen. Aber er stempelt stolz unsere Pilgerpässe und bietet einen Vino an indem er je eine Flasche Rot- und Weißwein samt Gläsern auf den Tisch stellt. Wir genehmigen uns ein Gläschen und suchen dann das im PiFü aufgeführte Hotel „Nigra", das wir vollkommen zugerammelt vorfinden. Weiter die Straße rauf ein B&B, belegt, weiter noch das Hotel Alpi, wo wir für 50,- € ein DZ ohne Frühstück bekommen. Die Sonne scheint auf unseren Balkon und so ist großer Waschtag angesagt, da wohl alles trocknen kann. Die zwei Australierinnen sind weiter gegangen und das auch noch über den Berg statt unten im Tal der Straße nach. Abendessen: Pizza für 6,50 €.

Pilgertag 27, Sonntag, 26.6.16: Montjovet-Berriaz – Pont St. Martin (18 km gegangen; Etappe = 23 km)

7.15 Uhr gehen wir ganz ohne Frühstück los. Wir nehmen heute einige Abkürzungen entlang der kleinen Landstraße im Tal, nicht über die Berge des Sonntags wegen und Karls Knochen zu liebe. In Issogne machen wir eine ausgedehnte Kaffee- / Frühstückspause (hier gibt es ein sicher sehr interessantes Schloss ***). Weiter geht es noch Hone. Unterwegs treffen wir die zwei Australierinnen, die gerade mal wieder Füße und Zehen mit Pflaster verkleben. Man sieht keine Haut mehr.

Weiter, z.T. entlang der Autobahn, vorbei an der historischen Brücke zwischen Arnad und Echallod *** zur Kirche von Hone ****. Der Mittelgang ist mit Glasplatten versehen. Man geht über uralte Ausgrabungen, wohl aus der Römerzeit. Hier endet gerade ein Festgottesdienst mit tollem Chor – „Amen, Amen ..." singend und ich bekomme noch den Segen ab.

Karl kommt später an und geht nicht gegen den Strom der Gottesdienstbesucher hinein, überholt mich quasi, aber am Übergang nach

Bard hole ich ihn wieder ein. Ein Wahnsinns Festungsanlage thront über der mittelalterlichen Stadt **** zwischen Fluss und Bergmassiv. Darunter gehen Eisenbahn, Autobahn und Nationalstraße durch den Berg. Die erste Befestigung aus dem 14. Jahrhundert wurde erst 1800 von Napoleon eingenommen, später wieder als Festung ausgebaut, sicher absolut sehenswert *****. Vor Donnas gehen wir auf einer Original-Römerstraße ****, in den Fels gehauen, versehen im Original-Meilenstein-Säulen und Durchgangstor. Direkt daneben muss früher der Fluss in der Tiefe getobt haben. Heute sind da ein kanalisierter Fluss, die Nationalstraße, die Autobahn und die

Römerstrasse vor Donnas

Bahnlinie. Es geht durchs historische Städtchen, dann (wieder eine Abkürzung) die kerzengerade Ausfallstraße direkt ins Zentrum von Pont St. Martin mit seiner „Römerbrücke" aus dem Jahre 25 n.Ch. **** über die noch in den 60 er Jahren der gesamte Verkehr ins Aostatal lief. Es ist 14 Uhr, wir

Römerbrücke in Pont-St.Martin

beziehen Quartier in einem Hotel zum Pilgerpreis von 60,-€ DZ+F und machen nach 18 km Wegestrecke noch einen halben Ruhetag. Ich habe die ganze Strecke mit Laufschuhen, Karl mit Sandalen gemacht.
Pilgertag 28, Montag, 27.6.: Port St. Martin – Ivrea (23 km)
Wir starten nach einem fürstlichen Frühstücksbuffet im 3*** Hotel um 8 Uhr bei Sonnenschein und mind. 22 Grad. Da nochmals sehr bewegte Wege anstehen habe ich wieder die schweren Schuhe an. Aus der Stadt hinaus geht´s gleich wieder hoch in sehr schöne Weinberge und zu den überall herumhuschenden Eidechsen.

Von Settimo Vittone bis Montestrutto in ein „Wahnsinns Weg", der 6****** Sterne verdient. Es geht unbeschreiblich schön unter Kiwi-/ und Weinarkaden, zwischen und unter Felsen hindurch, entlang schönster Natursteinmauern, z.T. auf uralten „Eilpfaden", kiesgepflasterten Wegen, durch quasi unterirdische Häuser in einem ständigen Auf und Ab und Aussichten auf tolle Burgen, Kirchen, und Orte an den Berghängen. Zuvor, zwischen Airale und Torre Daniele, gibt es einen schönen Womo-Stellplatz ***, siehe PiFü S. 106. In Montestrutto erreichen wir die Region Piermont und es sollte eigentlich in die Po-„Ebene!" gehen, aber es geht weiter immer noch auf und ab; jede Bergkapelle muss begrüßt werden, obwohl alle Kirchen zugeschlossen sind. Wir kommen nach dem

Naturschutzgebiet „Logo Pistone" in ein steiles, dunkel-feuchtes Waldgebiet und machen erste Bekanntschaften mit den berüchtigten „Po-Moskitos", kleinen, selbst an den Beinen schwarz-weißen Stechmücken, deren Stich einem den Schweiß auf die Stirn treibt.

Es geht gefühlt immer weiter aufwärts obwohl wir doch in der Po-„Ebene" sein sollten und irgendwann erscheinen Türme des Schlosses und des Doms von Ivrea vor uns. Die sind natürlich auf einem Hügel erbaut und von dort sehen wir erstmals den Ansatz einer „Ebene" vor uns. Im Dom – er ist tatsächlich offen – gibt es nicht mal einen Pilgerstempel und ein Priester an der Pforte schickt uns dafür irgendwo hin, kann uns aber nicht verständlich machen, wohin. Bei der Tourist-Info am

Rathausplatz finde ich kompetente und etwas deutsch sprechende Hilfe und Stempel. Karl versucht es bei einer Eisdiele. Die Frau in der Tourist-Info macht auch unser Quartier klar, eine „Ostello" = Herberge beim Kanu-Club der Stadt auf der anderen Seite des Flusses Dora Baltea, der uns ja schon seit Aosta begleitet. Dort haben wir ein 4-Bett-Zimmer (2 Stockbetten) für

"Kirche geöffnet"

15,- € Üb+F. Im nahen Supermarkt kaufen wir ein gegrilltes Hähnchen u.a., essen zu Abend vor der Herberge und bestaunen die Kanu-Rennstrecke daneben.

Pilgertag 29, Dienstag, 28.06.16: Ivrea – Cavaglia (26 km)
Nach selbst zubereitetem Frühstück, für das alle

Zutaten, nach italienischen Maßstäben, als Dauerlebensmittel vorhanden sind, starten wir gegen 7 Uhr entlang des Dora Baltea, dann über eine neue Fußgängerbrücke, durch die Außenreviere von Ivrea und wieder an die Hangkante der Ebene, vorbei am Lago die Campagna mit schönem Badeplatz, wo man aber bei wenigen Sekunden Stillstand von den Schnaken gefressen wird. Wir werden von deren Sippe quasi durch die anschließenden Wälder gejagt. Am Ende kommt uns ein kommunales Spritzfahrzeug entgegen das „Gift"? in die brakigen Wassergräben sprüht. Für uns allerdings zu spät. Die Wege sind oft schlammig mit Pfützen von einem Wegrand bis zum anderen. Ich trage die Laufschuhe mal mit den dünneren Socken (Falke RU4) was sich aber bis zur Mittagspause als schlecht herausstellt, da sie keinen Puffer z.B. zu den Zehenspitzen haben und diese bereits toll schmerzen. Also kommen wieder die dickeren Merinowollsocken an die Füße. Mittag machen wir in einem schönen Außencafé am Torturm von Piverone (13. Jahrh.) mit Kaffee, Cola und süßen Stückchen vom Bäcker gegenüber. Die Australi-

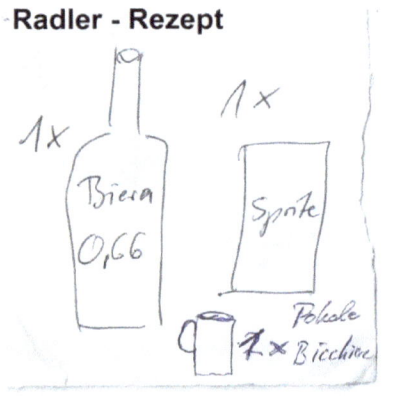

Radler - Rezept

1x
1x
Biera
0,66
Sprite
Pokale
1 x Bicchione

Frauen kommen an, als wir gerade aufbrechen. Sind sind „not walking", da eine von ihnen wohl Brechdurchfall hat. In unseren Trinksystemen haben wir erstmals gekauftes Wasser. Das Leitungswasser in Ivrea schmeckt gar nicht

– nur nach Chlor und Chemie. Einen schönen Wegabschnitt gibt es zwischen Piverone, der Capella Gesinn (eine interessante Ruine, aber dadurch wenigstens offen) und dem Asphaltweg ca. 2 km vor Viverone, wo man toll auf den Lage di Viverone schauen kann. Ich beobachte eine wunderschöne, große „grünbunte" Eidechse im Weinlaub. Große Vögel (Greife) sieht man überhaupt nicht. Elstern, Eichelhäher, mal ne Nebelkrähe, sonst max. Rotschwänzchen und jede Menge Spatzen. An Schmetterlingen sind zu entdecken: Trauermantel, Schachbrett, Distelfalter, Kleiner Fuchs, Admiral, Kohlweißlinge und ein „Schmetterlingshafter" blauschwarz, nur ein Flügelpaar und ein gelber „Leuchtring" am Hinterleib.

Auf dem Kurzweg zwischen Roppola und Cavaglia kommen wir auf interessanten Wegen durch ein schönes Waldstück, allerdings gibt´s hier auch Mücken, Schnaken und andere Plagegeister. Um 16 Uhr sind wir in Cavaglia, bekommen nach gefühlten Stunden und „Zettel-Bürokratie" im Rathaus vom Hausmeister das Gemeinde-Ostello gezeigt in einem alten Gemäuer, 7 Betten, Dusche, WC. Wir sind alleine – alles gegen Spende, wir geben je 15,- €. Eis essen, duschen, Stadt anschauen mit einer tollen, sogar offenen Kirche, dabei Ausschau halten nach einer Imbissmöglichkeit. Die finden wir dann etwas außerhalb in Form einer Pizzeria / Restaurante, wo jeder 2 Panaché (Radler) und eine große Pizza verdrückt (zusammen 34,- €). Vorher kaufen wir noch After-Sun-Creme und Schnakenabwehrmittel, öffnen Blasen und regen uns über die vielen Kläffer auf, die aus den Vorgärten auf uns einkläffen. Wir haben noch keinen gut erzogenen, nicht kläffenden Hund in Italien getroffen, im Gegenteil – einer hing mir schon am Rucksack, einen anderen konnte ich nur mit dem Stock von mir fernhalten, obwohl Frauchen daneben stand und nichts tat / tun konnte. Der Höhepunkt heute waren mehr als 10 Kläffer hinter einem Zaun, die sich vor lauter Rage schier das Hirn am Zaun einrannten, von dem Krach gar nicht zu reden. Frauchen stand auf dem Balkon und reagierte überhaupt nicht. In der Schweiz haben wir gar keine bellenden Hunde erlebt und überall standen auch „Beutelspender" für den Kot. Hier darf man kaum von den festen Belägen der Wege abweichen, sonst steht man in einer „Tretmine".

Pilgertag 30, Mittwoch, 29.06.16: Cavaglia – Vercelli (20 km zu Fuß – Vercellese, 19 km per Zug nach Vercelli

In der schönen kühlen und, weil die Fensterläden geschlossen sind, sehr dunklen Unterkunft wachen wir erst gegen 7 Uhr auf. Packen, was bei Karl auch schon routinierter abläuft (ich muss mich nicht mehr wartend aufs Bett legen), gehen nebenan frühstücken und um 8 Uhr geht's weiter. Eidechsen sehen wir keine mehr, dafür Kaninchen und in den endlosen Reisfeldern der Po-Ebene sind Kibitze, Stelzenläufer, Brachvögel, Seiden- und Graureiher unterwegs. Frösche quaken oder hüpfen von den Wegrändern in die allgegenwärtigen Bewässerungsgräben und Kanäle. Die Wege gehen rechtwinklig um die Felder und sind mit spitzem, scharfkantigen groben Splitt oder rollendem Kiesel belegt. Die Landschaft ist zwar eben, aber durch den Wegebelag brauche ich den Stock, um nicht bei jedem Schritt rückwärts zu rutschen. Unterwegs schöne Bildstöcke, über 3 m hoher Mais am Wegrand, eine Pilger-Oase mit Brunnen und kühlem Sitzplatz, so kommen wir nach Santhia mit einer schönen Kirche und weiter nach San Germano Vercellese, wo wir entscheiden, nach 20 km Strecke mit dem Zug zum Etappenziel zu fahren.

Eigentlich wollten wir eine Haltestelle später in Strella einsteigen, aber die Wege und meine Schultern und der Rücken, die ich zum ersten Mal negativ wahrnehme, fordern Tribut. Am Bahnhof die elektrische Anzeige: Abfahrt 14.21 Uhr Gleis 1. Eine Gleisnummerierung gibt es nicht, also bleiben wir auf der Bahnhofseite. Kurz vor Abfahrtszeit kommt ein weiterer Zugreisender, der uns erklärt, dass wir am falschen Gleis stehen. Er nimmt uns mit zum Gleis 2. Der Zug kommt. Unterwegs zeigt uns der Mitreisende den Ort Strella an dem der Zug vorbeirast. Da wären wir ganz schön angeschmiert gewesen, hätten wir die 7 km noch drangehängt. Wir haben einen echten Schutzengel getroffen!!! In Vercilli gehen wir in die Basilika (nicht besonders), dann finden wir die neue Herberge (seit März 2016 offen) mit Hilfe eines Flugblattes, das wir in der Herberge gestern vorgefunden haben. Herzlicher Empfang, schönes Zimmer (4 Stockbetten) und Martin, am Gr. St. Bernhard schon mal getroffen, ist auch hier, obwohl er für die 52 Etappen nur 43 Tage Zeit hat. So wird er es nicht schaffen. Von der Herberge wird in einer nahegelegenen Pizzeria ein Pilgermenü für 12,- € angeboten einschl. ¼ l Wein. Nach dem Einkauf (Duschgel + Panaché) gehen wir da hin, treffen wie vereinbart Martin und essen Pilgermenü. Karl mit Rostbeef, ich mit Braten und Martin Pizza. Zuvor Penne mit Tomatensoße, dazu gemischten Salat. Im Garten der Herberge trinken wir noch gemütlich unser Panaché und hängen die nachmittags gewaschene, jetzt schön getrocknete Wäsche ab. Anmerkung zum Essen: Früher mussten die Pilger auf ihrem Weg durch die Reisfelder Frösche fangen, die ihnen dann abends fritiert als „Rana fritte" vorgesetzt wurden. Mit dieser Regelung wären wir dieser Tage verhungert, haben wir doch kaum einen Frosch gehört, geschweige denn gesehen.

Pilgertag 31, Donnerstag, 30.06.16: Vercelli – Robbio (20 km) mit dem Zug bis Mortara (12,7 km)

Um 6.30 Uhr finden wir in der Küche einen perfekt gerichteten Frühstückstisch vor, den die Hospitaliera schon früh gerichtet hat (Üb+F auf Spende, je 15,-€). Wir gehen als Letzte aus dem Haus. Martin und eine Estländerin, die heute hier anfängt sind schon weg. Wollen die ganze Etappe (32,7 km) durchlaufen. Wir gehen 7.30 Uhr aus dem Haus und entlang der großen Ausfallstraße zur Stadt hinaus. Nach der Brücke über den naturnahen Fluss „Fiume sesia" biegen wir rechts ab und kommen auf den Hochwasserdamm des Flusses, dem wir auf Sand- und Kieswegen ca. 10 km folgen. Dabei sehe ich in den begleitenden Reisfeldern, Pappelplantagen und Auwaldstreifen: Nacht-, bzw. Kuh-, Seiden- und Silberreiher, Kiebitze, Wasserläufer und eine Art wie Ibisse, weißes Gefieder, Beine, Hals, Kopf und säbelförmig nach unten gebogener Schnabel sind schwarz. Bei der Hälfte der

Kirche "Sant `Andrea in Vercelli

Dammstrecke, in einem zurückversetzten Au-Pappelwald ist eine Brutkolonie von ihnen, teilweise hinter einem Robiniengebüsch. Nach 2,5 Stunden erreichen wir Palestro, es wäre dringend Zeit für eine Kaffeepause. Leider finden wir am Weg gar nichts. Also weiter, die nächsten 8 km im Zick Zack entlang und über Bewässerungskanäle, durch Reis- und Maisfelder, sorgfältig aufgeschulte Pappelforste bis nach Robbio. Dort besuchen wir erst die bekannte Pilgerkirche und gehen noch vor der großen Pause zum Bahnhof, da Karl nach 20 km zu Fuß den Rest mit dem Zug fahren will. Abfahrt 12.14 Uhr; es ist 12.16 Uhr, aber der verspätete Zug kommt gerade, wir steigen ein und machen dann, nach 10 Min. Fahrt unsere große Pause in einem Straßencafé in Mortara.

Kreuzgang der Kirche "Sant `Andrea in Vercelli"

Wir suchen danach das im PiFü empfohlene, günstigste Hotel (30,- € /DZ). Die Herberge wäre am Weg ca. 2 km weiter draußen und Karl müsste morgen diese zurücklaufen zum Bahnhof, will er doch über 2 Etappen Mailand besuchen. Ich werde weiter laufen und wir wollen uns dann am Samstag wieder in Pavia treffen. Unser Billig-Zimmer hat kein Fenster, nur ein klappbares Oberlicht über der Tür. Auflassen kann man die Türe auch nicht, sonst ist der ganze Restaurant-Küchen-Dunst von unten drin. Das Zimmer ist sehr klein. Wenn man ins Bad will, muss das Doppelbett vor die Eingangstür geschoben werden, will man raus, muss es vor die Badtüre.

Da ich in der Stadt einen Kebap aß, bin ich im Zimmer, während Karl unten im Restaurant isst und dort seine Post /WEB /TG-arbeiten erledigt. Mir ist es unten zu kalt (Klimaanlage) und zu laut wegen der vielen italienischen Gäste. Also wird im Zimmer der Ventilator eingeschaltet, und so kann ich es aushalten. Vor dem Zubettgehen wollen wir kurz durchlüften, machen die Türe auf und innerhalb von Sekunden sind Dutzende von Schnaken im Zimmer. Nach einer Stunde Jagd sind die frisch gestrichenen Wände gepunktet mit Schnaken-Blutabdrücken. Die Nacht verläuft ruhig.

Meine Unterlippe wird auch langsam besser, nachdem sie laufend mit gelben Bläschen besetzt war und immer wieder blutete. Hatte ich doch schon am Vierwaldstätter See meine „Esparin"-Lippensalbe verloren und mir dort eine Schweizer alternative Lippenschutzcreme in der Apotheke gekauft (12,50 CHF). Ich hatte sie aber vor Tagen weggeworfen wegen der Befürchtung, dass diese Creme alles nur verschlimmerte. Danach habe ich nur noch morgens und abends mein Wund- und Heilgel (Medi-Gel) aufgetragen und jetzt ist fast alles wieder gut.

Pilgertag 32, Freitag, 01.07.16: Mortara – Gropello Cairoli (28 km)

Um 7 Uhr gehen wir aus dem Haus. Karl Richtung Bahnhof, um nach Mailand zu fahren, ich auf die Via Franci. Im Gegensatz zu den letzten Tagen ist es morgens nicht bewölkt und frisch sondern die Sonne scheint schon unbarmherzig. Bei der ersten Pause nach 3 Stunden hat es bereits 33 Grad im Schatten, in der Sonne der fast baumlosen Po-Ebene hat es einige mehr. Es geht auf sehr staubigen Sandwegen durch die Landschaft. Frösche quaken ab und zu, ich meinte, einen Laubfrosch dazwischen rauszuhören, viele verschiedenen Libellenarten, z.T. ganz gläsern, aber auch blau- und grünflügelige Prachtlibellen, was auf ordentlich sauberes Wasser in den Gräben und Kanälen schließen lässt. Die Wat- und Stelzvögel wie gehabt, mal 2 Turmfalken und ein Mäusebussard; die ersten Greife in Italien. Über Gropelle segelt ein Weißstorch, in den Pappeln Pirole, in Gebüschen Nachtigalle und auf den trockenen Wegen zwischen den Gräben und Reisfeldern Kaninchen und Eidechsen. Die Pause in Tromella findet mit Cola und Keksen in der Kirche statt, da draußen kein kühles, schattiges Plätzchen zu finden ist. Es geht weiter entlang großer Wasserkanäle mit

erheblicher Fließgeschwindigkeit. Auf einem Feld wird der Reis gedüngt mit einem ganz normalen Ackerschlepper . Er hat nur statt Gummireifen faustdicke Stahlscheiben mit groben Zacken als Räder – wie ein weitgestelltes Zahnrad. Der Boden in den angestauten Reisfeldern muss unwahrscheinlich fest sein, sonst wurde das Gefährt sicher versinken. Auf der Straße fahren kann man damit nicht. Es wird per Tieflader von Feld zu Feld bewegt. Kurz nach 12 Uhr komme ich in dem, in der Region berühmten Wallfahrtsort: Madonna della Bozzala an. Aber die Kirche ist zu, Mittagspause – Siesta. Im Park daneben, unter großen Bäumen, mache ich Pause, lüfte meine Füße, die seit der Pause zuvor wieder heftig toben. Auf den staubigen Sandwegen kommen immer mal wieder Schmutz und Körnchen in Schuhe und Socken, die dann außen auf dem Leukoplast über den offenen Blasen, kleben. Als ich gerade aufbrechen will, geht ein Mann zur Kirche und verschwindet seitlich hinter einer Säule. Ich hinterher, eine Türe – offen -, im Altarraum wird Rosenkranz gebetet. Es öffnet sich mir ein wundervolles Gotteshaus ****, das Gnadenbild hinter dem Altar, lebensgroße Figuren im linken Nebentrakt stellen Geburt und Grablegung Christi dar, an den Wänden wundervolle, moderne Bilder und Skulpturen in Marmor, in den Sitzbänken sehr bildhaft und wunderschön Szenen aus der Bibel dar.

Die letzten 3 km des Weges sind nochmals echt heftig. Furchtbar grober, rolliger Kiesel unter den Füßen und das nach über 25 km zurückgelegter Wegstrecke. Im Ort finde ich gleich das Ostello. Martin und Kaisa, die Estländerin, sind schon da.

Pilgertag 33, Samstag, 02.07.16: Gropello Cairoli – Pavia (20 km)
6.15 Uhr, Ich lege meine Spende für die Üb in ein Körbchen auf dem Tisch, lasse die Schlüssel stecken (nichts weist auf eine andere Vorgehensweise hin) und begebe mich auf den Hof. Dessen drei Zufahrten sind mit über 2 m hohen Gittertoren verschlossen und verriegelt. Nachdem ich keinen Weg nach draußen finde, rufe ich Martin an, wie die rausgekommen sind.

„Über ein Tor" war die Antwort. Also, Rucksack sachte über die spitzen Eisenstäbe wuchten damit nichts zerreißt und dann selbst rüberturnen ohne hängen zu bleiben und den Rucksack vorsichtig wieder abhängen. Im ersten Ort nach ca. 5 km, finde ich bis zur Kirche nur kleine Läden, z.B. mit Tierfutter oder reine Obst-/ Gemüselädchen, später doch noch eine Bäckerei, wo ich 2 Cola und Waffeln erstehe und dann mangels eines kühlen, schattigen Platzes in der Kirche verzehre. Der Weg ist oK, in der Regel fester Sand oder Asphalt, teils auf kleinen Landsträßchen, teils auf der Krone oder am Fuß eines Hochwasserdammes. Dann komme ich in die Nähe des Flusses „Ticeno" und in dessen Auwälder und – das Martyrium beginnt. Stechmücken noch und nöcher verfolgen und belagern mich. Hunderte sterben, Dutzende stechen mich und ich werde immer schneller. Von dem naturnahen Wildfluss sehe ich kaum etwas. In knapp 4 Stunden habe ich die

18 km nach Pavia gemeistert. Martin will sich von unterwegs um das Quartier für uns vier bemühen, daher gehe ich direkt in die Stadt und mache am Brückenkopf erst mal eine Kaffee-, Cola-, Ausruhpause. Danach zur Tourist-Info einen Stadtplan mit den Sehenswürdigkeiten besorgen, dann: 1. Durch die Altstadt, 2. Dom ***,

3. div. Kirchen (die meisten zu von 12 bis 15 Uhr), 4. zum Castello ***, 5. Piazza de Michelangelo mit ihren unheimlich hohen Wohntürmen, dann zur Kirche St. Michele *****, der Krönungskirche von Kaiser Karl dem Großen, sogar offen, da von Ehrenamtlichen betreut (sprechen sogar deutsch). Eine wundervolle Kirche, quasi noch Original romanisch mit exzellenten Details. Zwischenzeitlich hat Karl angerufen, er ist von Mailand zurück, wir verabreden uns am Dom und gehen dann gemeinsam zu der von Martin gebuchten Unterkunft: Ostello Santa Maria in Betlem (20,- €). Ein 4er Zimmer zusammen mit Martin und einem weiteren Gast, der aber scheinbar z.Z. nicht hier ist.

Pilgertag 34, Sonntag, 03.07.16: Pavia – Santa Christina (27 km)

BERGFEST – Die Hälfte (750 km) ist geschafft

5.30 Uhr aufstehen, Martin und Kaisa sind schon weg. Wir machen uns Kaffee, dazu gibt´s Pizzabrot, den Rest vom Kebap-Teller des Vorabends und je eine Banane. Aus der Stadt hinaus geht die Sonne auf und es wird gleich warm. Wege, Pausen, usw. wie gehabt. Beim Überqueren des Olona: 2 Flußregenpfeifer, davor Purpurreiher in den Robinienwäldern. Hinter der Sandgrube von Sostegno beobachten wird jagende Bienenfresser und Uferschwalben. Jetzt habe ich alle fünf in Deutschland vorkommenden Schwalbenarten gesehen. Auch ja, die 5 te, die Bordsteinschwalbe, vorgestern beim Übergang der Via Franci am Straßenrand sitzend, bildhübsch, um die 30, im knallroten Minikleid. Mir hat sie als potentiellem Kunden keinerlei Beachtung geschenkt! Um 15 Uhr sind wir am Ostello von Santa Cristina. Wir sind im 2. Stock des großen Pfarrhauses untergebracht und der Pfarrer hat uns persönlich empfangen, was wir zum ersten Mal erleben. Martin und Kaisa sind auch da. Karl und ich haben ein 5-Bett-Zimmer für uns; mit Klimaanlage!!! Unsere gewaschenen Kleider hängen im Küchenfenster an den, zwischen die Leibungen geklemmten, Trekkingstöcken. Der Wäscheständer ist von den Kleidern der anderen belegt. Hier gibt´s eine Waschmaschine und sie machen große Wäsche.

Das Bergfest heute wollen wir feiern. Bei der Ankunft gibt es Cola, Panaché und 4 x Eis. Karl isst Spagetti … mit allen Sorten Muscheln, Krebstieren, sonstigen Meeresfrüchten – das bekommt man, wenn man ohne Sprachkenntnisse einfach in die Speisekarte deutet. Ich esse weißen Risotto-Reis mit grünen Spargelspitzen, anderem Gemüse und Scampis. Panaché, zum Nachtisch Ananaseis.

Ich gehe sehr zeitig ins Bett, denn morgen kommt ein besonderer Pilgertag: 1. Sind wir 5 Wochen unterwegs, 2. haben wir die Hälfte der Strecke geschafft und können die km ab 750 jetzt abwärts zählen.

Pilgertag 35, Montag, 04.07.16: Santa Cristina– Piazenza / Montale (34 km)

4.20 Uhr aufstehen, 4.50 Uhr Abmarsch, wir geben je 15,- € Spende für die super Unterkunft. Leider vertun wir uns gleich mit dem richtigen Weg,

Im "Pilgertaxi" über den Po

gehen dann ca. 1 Stunde entlang einer recht schmalen Nationalstraße. Mein kleines rotes Licht an der Uhr zeigt dem entgegenkommenden (vornehmlich LKW-) Verkehr unsere Anwesenheit und des öfteren müssen wir ins nicht gemähte Bankett oder die Hecke am Straßenrand ausweichen, wenn einer sehr weit rechts fährt.

 Außerdem sind wir in Zeitdruck. Um 11 Uhr fährt die erste und einzige „Pilgerfähre" über den Po, sonst müssen wir 16 km weitergehen um über eine Brücke ans andere Ufer zu gelangen. Trotz 1 ½ stündiger Kaffeepause sind wir dann doch schon um 10 Uhr am Anleger; im kleinen Ort dabei gibt's zwar ein Restaurant und eine Bar, aber beide sind zu. Um 11 Uhr kommt der Fährmann Danilo mit dem Motorboot an. Kurz vorher erscheinen auch Martin und Kaisa. Die 4 Rucksäcke kommen in den Bug, 3 Passagiere ins Heck; ich finde im Bug noch einen Platz. Wir brausen los und fahren ca. 10 Min. flussabwärts auf dem größten Strom Italiens, landen an, werden von Danilo über die Historie des Ortes aufgeklärt: hier überquerte der Urheber des Frankenweges, Bischof S. von Canterberry den Po. Jetzt kommt der Eintrag ins große Pilgerbuch der Station (wird seit 1998 geführt). Ich bin der 565. übergesetzte Pilger. Wir bekommen alle einen riesigen Stempel in den Pilgerpass, jeder zahlt 10,- € und weiter geht's. Im nächsten

Po-Ebene - durch Europas größtes Reisanbaugebiet

Ort wollen wir eigentlich bleiben, nach 23 km „Schnellmarsch". Gegen 12 Uhr sind wir da, jetzt wirklich bleiben in diesem Nest? Wir beratschlagen in einer gemütlichen Bar bei Spagetti, Eis, Cola bzw. Eistee und beschließen, die 11 km nach Piacenza dranzuhängen. Das geht auch sehr gut, bis die über 5 km lange, kerzengerade

Einfallstraße kommt. Nach Überquerung des quasi ausgetrockneten Flussbettes des Trebbia geht es stumpfsinnig, nichts mehr spürend oder wahrnehmend, der Stadt entgegen. Erst im Altstadtbereich, nach fast 34 km, finden wir wieder zu uns, besuchen die Kirche Santa Maria di Campagne *** und suchen dann die Tourist-Info zwecks Anruf beim Ostello, das weiter draußen liegt und um zu erfragen, wie wir dahin kommen. Als wir das Büro finden, ist es geschlossen; „montags zu", erklärt uns eine deutsch-sprechende Schwedin, die ebenfalls dorthin will. Auch das Rathaus ist heute zu erfahren wir auf Nachfrage in der Basilika. Der Herr dort kann uns wegen des Ostello auch nicht helfen und schickt uns zum Dom. Dort bekommen wir zwar einen Stempel, aber eine Bleibe haben wir immer noch nicht. Wir treffen kurz Martin und Kaisa ebenfalls auf Herbergssuche. Wir beschließen, erst mal was zu trinken und Eis zu essen, um dann per Taxi die 3,5 km rauszufahren und direkt nach der Unterkunft zu fragen. Für 13,-€ geht's raus. An der Haustüre des Pfarramtes meldet sich niemand. Wir gehen nebenan in die Kirche, wo gerade hl. Messe gefeiert wird und wir mitmachen. Danach kommt der Pfarrer direkt auf uns zu, geht mit ins Büro der Gemeinde, übergibt einen Schlüssel und zeigt auf dem Stadtplan den Standort der Herberge, die ca. 1,5 km weiter in einem Ortsteil liegt. Mit letzten Kräften schleppen wir uns hin. Ursula, eine 19 jährige aus Köln, ist schon da. Sie ist vor 1 Woche in Santhia gestartet und will nach Rom. Gemeinsam machen wir uns gleich auf ins „Centre Communale" schräg gegenüber, wo wir einen Supermarkt vermuten. Fehlanzeige; lauter Fachgeschäfte, Haushaltswaren u.ä. und ein Restaurant, in dem wir dann zu zweit eine Pizza essen. Es ist bereits 19.30 Uhr. Im Quartier, einem alten Backsteinhaus, innen schön renoviert, haben Karl und ich ein 3-Bett-Zimmer. Blasen aufschneiden ist angesagt, bei mir unter der alten an der Ferse rechts, bei Karl eine riesige auch an der Ferse. Es spritzt beim Schneiden wie ein kleiner Bub pieselt. Danach der gewöhnliche Pilgerabend. Es wird ziemlich spät.

Pilgertag 36, Dienstag, 05.07.16: Piacenza – Fiorenzuola (30 km)
Aufstehen 4.30 Uhr, ab 5.10 Uhr sind wir auf der großen Ausfallstraße. Die WZ vor Ort entsprechen nicht der Beschreibung im PiFü, was uns heute noch öfter passieren wird. Kurz vor 6 Uhr am Stadtrand: eine glutrote Sonne geht über Dunst und Feldern auf – wunderschön. Reis wird hier nicht mehr angebaut, dafür Gemüse, z.B. Zwiebeln und, wie Kartoffeln nur gelb blühend – Tomaten. Den ganzen Tag laufen wir im Zick-Zack auf Straßen durch die schachbrettartig angelegte Landschaft, passieren mehrere kleine Orte – nirgends ein Café oder eine Bar für eine Pause mit Frühstück nach drei Stunden. Auch keine Bank o.ä. im Schatten. Es geht nichts mehr. Wir lassen uns auf dem Betonsockel eines Trafohäuschen nieder und schlafen sogar eine Stunde. Weiter, nach weiteren 2 Stunden Weg, finden wir um 11 Uhr im letzten Ort vor der Stadt ein schönes, offenes Restaurant mit herrlich

schattiger Terrasse und einer sich liebevoll kümmernden italienischen „Mama" – eigentlich einer Oma. Nach Kaffee mit „Torta" und Cola sowie Eis fragt Karl nach etwas Richtigem zu essen. Sie wehrt erst ab, zeigt auf die Uhr – noch zu früh – lässt sich dann doch erweichen und macht uns Spaghetti Carbonara, eine große Platte voll. Zwischen-zeitlich wackelt über der begrenzenden Hecke eine Iso-Matte vorbei und wir rufen laut „Ursula". Sie hat uns auch schön gehört, kommt dazu, ein 3.tes Gedeck + Cola und wir speisen fürstlich. Zu zweit hätten wir die Spaghetti nie geschafft. Gemeinsam ziehen wir weiter, wieder auf markierten Wegen, die nicht der Route im PiFü entsprechen, aber so gestaltet sind, dass man sich zurechtfindet. Wir spekulieren, ob die Verlegung etwas mit den Weg querenden und zu durchwatenden Bächen zu tun haben könnte, und schon

stehen wir vor der Bachquerung Nr. 3. Karl und Ursula gehen barfuß durch. Ich ziehe die Socken aus, nehme die Einlagen aus den Schuhen und gehe „beschuht" durch. Drüben alles wieder anziehen und weiter. Um 14 Uhr sind wir am Ziel nach 30 km, die Herberge öffnet erst 15.30 Uhr. Wir vertreiben uns die Zeit mit Eis essen und checken dann ein. Karl und ich haben ein Zimmer mit 2 Stockbetten + Bad, Ursula das gleiche für sich. Spende 25,- € zu zweit.

Pilgertag 37, Mittwoch, 06.07.16: Fiorenzuala – Fidenza (23 km)
Nach einer heißen, verschwitzten Nacht geht's los. 6 Uhr schöner Sonnenaufgang, danach Frühstück im Café/Bar in Chiarelle delle Colomba. Dann Besichtigung des dortigen Klosters – Kirche und Kreuzgang sind offen und wunderschön mit toller Energie ****. Bei Castine Marchesi fällt uns ein Wegweiser zu den großen Pilgerzielen der Welt auf, mit km-Angaben.

Dahinter sitzt Martin im Vorgarten und der Besitzer winkt uns dazu. Er ist Lehrer, hat Ferien und als Pilgerfreund bewirtet er vorbeiziehende Pilger. Ursula kommt mit einer neuen Pilgerbekanntschaft dazu, einer italienischen Frau meines Alters, hat gestern begonnen, kommt aus den Dolomiten und geht nur 6 Tage. Sie spricht etwas deutsch ansonsten englisch und so wird das Italienisch des Hausherrn ins Englische und von Ursula für uns ins Deutsche übersetzt, unsere deutschen Bemerkungen rückwärts ins italienische. Eine illustre Gesellschaft. Es gibt italienischen Kaffee aus winzigen Espressotassen dazu Biskuit. Karl und ich ziehen weiter, die anderen bleiben noch, holen uns aber am nächsten Rastplatz ein. Hier sollte es eine Toilettenpause geben, aber bei dem „Stehklo" ist es uns allen vergangen. In Fidenza suche ich mittels Smartphone und GPS die Adresse der Unterkunft, um 12.30 Uhr sind wir da, klingeln und erhalten in internationaler Zeichensprache die Order, um 14 Uhr wieder zu kommen. Das tun wir. Während ich Tagebuch schreibe, läuft jetzt die Waschmaschine auf dem Balkon, nach x Tagen ist mal wieder ganz große Wäsche angesagt. Üb im DZ 20,- €, Waschmaschine frei, Bettwäsche dazu – das musste mal wieder sein. Bei der Tourist-Info mit deutschsprachiger Mitarbeiterin haben wir inzwischen einen Stadtplan und dazu einen Hinweis auf die beste Gelateria der Stadt erhalten, in der wir dann die Wartezeit zwischen Ankunft und Quartierbezug mit Cola und Eis verbracht haben. Abends esse ich Parma-Schinken. Karl geht essen, trifft Schweizer, unterhält sich gut und seine Zeche wird von ihnen übernommen.

Ursula geht mit einem GPS-Gerät und hat die Strecke und vorgesehenen Unterkünfte bereits zu Hause einprogrammiert (nach Eurovia.tv 2016/17)

Pilgertag 38, Do. 07.07.16: Tidenza – Medesano (23 km)

Um 5.10 Uhr geht's weiter. Kurz aus der Stadt hinaus, durch schöne Alleen und Anlagen. Draußen in eine uralte Maulbeerallee, die auf einen Hügel führt. Droben eine Kirche und –zack eine komplett andere Landschaft zeigt sich uns im Sonnenaufgang. Es gibt wieder Hügel und Täler, steile Wege rauf und runter, schöne landwirtschaftliche Anwesen, Au- und Hangwälder, Pirole pfeifen überall, die WZ sind nicht ideal aber wir finden immer wieder den richten Weg. Eine Furt muss überwunden werden. Da liegt eine Diele zum „pilgergerechten" Überqueren. Beim ersten Halt an einem geschlossenen Restaurant (8 Uhr) holen uns Martin, Kaisa und Ursula ein. Gemeinsame Pause – wir werden sie wohl nicht mehr sehen, weil sie heute 34 km vorhaben. Im nächsten Ort ein Pfeil: Bar Costa Mezzana 300 m. Der Umweg ist es uns wert, und wir machen Frühstück bei einem superfreundlichen Wirt mit Pilgerbuch und eigenem Pilgerstempel. Gestärkt geht's weiter. Wir holen Estelle, die Italienerin, an einer nicht eindeutig markierten Kreuzung ein, finden gemeinsam den richtigen Weg (sie geht mit GPS in einem Tablet), wie das eine oder andere Mal wieder. Sie ist schneller als wir und will wohl auch Ursula einholen und mit ihr weiterziehen. 12.15 Uhr erreichen wir Medesano. Im Ostello Don Bosco erreichen wir jemanden und können gleich Quartier beziehen. Dann: Cola trinken, Eis essen, später Abendessen im Restaurant und singen in der Kirche.

Pilgertag 39, Freitag, 08.07.16: Medesano – Sivizzano (20 km)

5.15 Uhr gestartet, wir nehmen uns die Bergstrecken vor, nicht die Varianten an der Straße entlang. Bereits am nächsten Ort, Felegaro, ein unverständliches Schild. Wir gehen nach dem PiFü und den gelben Franci´s weiter. Nach 500 m kommt eine Autobahnunterquerung, die voll Wasser steht. Kein Durchkommen. Also zurück und dem unverständlichen Schild in anderer Richtung folgend kommen wir auch unter der Autobahn durch und in die Auwälder des Flusses Taro. Mit etwas Glück finden wir immer wieder das WZ. In Fornova ist Kaffeepause, dann geht's aus dem Tal in die Berge. Tolle Aussichten, Steigungen und steile Gefällstrecken. 11.30 Uhr sind wir am Etappenziel. Es fängt leicht an zu regnen wie schon gestern Nachmittag. Keine einzige Stechmücke im naturnahen Flussauetal. Die Herberge ist im ehemaligen Vorratskeller eines aufgelassenen Klosters untergebracht. Alles sehr rustikal, aber ausreichend. Zum Duschklo geht's über den Hof und nach dem Duschen ist alles überschwemmt. Im Ort gibt es ein Bar- Osteria-Restaurant und einen Tante-Emma-Laden (bis 13 Uhr offen). Dort kaufen wir etwas Gebäck für den Nachmittagskaffee und abends kann man ab 19 Uhr in der Osteria essen: Penne …, Insalata mista Grande, 2 x ¼ Rotwein u.a., unser Abschiedsessen.

Karl hat unterwegs beschlossen, keine 20 km - Etappen mehr zu machen, lieber den ganzen August unterwegs sein und so oft seine Füße es brauchen, Pause zu machen, nicht nur mir immer hinterher zu laufen. Folglich werde ich morgen alleine starten und meinen Rhythmus gehen. Fast 6 Wochen zusammen ist doch schon was, eine Belastung, wenn sich jeder auf den anderen einstellen muss.

In der Herberge wird es noch lustig. Enrika, die Hospitaliera singt ein Halleluja bei der Arbeit. Ich stimme ein, sie meint, wir sollten es mal in der Dorfkirche nebenan singen, dort sei eine tolle Akustik. Also hin, wir singen sehr gut harmonierend zwei Halleluja.

Später kommen noch Josephe, ein Spanier, der von Rom nach SdC pilgert, und 2 Radfahrer (Vater und Sohn) und wir machen eine lustige Fotosession im Hof.

Pilgertag 40, Samstag, 09.07.16: Sivizzona – Ostella am Passo della Cisa (31 km) 1500 Hm Aufstieg, 800 Abstieg. 4.10 Uhr aufstehen, ganz leise packen, 4.30 Uhr geht's raus, die ersten km auf der Landstraße. Kein Auto gesehen dafür Rehe,

8. Juli 2016

Herberge in Sivizzano
Hier endet unsere gemeinsame Pilgerzeit

Gartenrotschwänzchen, Wiedehopf, … Bei Bardone, schöner Ort mit sehr schönem Kirchenensemble ***, kommt die Sonne. Es geht immer weiter rauf und die Aussichten, zurück in die Po-Ebene und in die Berge und Täler des Appenin werden immer spektakulärer ***. Es gibt schöne Pfade und Wegabschnitte bei Castello die Casola, vor Cassio, ein Stück abseits der Straße ist ein schöner Aussichtspunkt ***, leider keine Bank. Nach Cassio geht ein Abkürzungswegchen durch schöne Wacholderheiden mit krüpelwüchsigen Zwergulmen. Der Weg und der Abstieg nach Berceto *** sind ebenfalls schön, so wie das Städtchen selbst. Ich komme um 12 Uhr an (eigentliches Tagesziel). Die Stadt ist richtig voll. Ein Festival läuft hier dieses Wochenende. Auf Nachfrage die Antwort: Tourist-Info geschlossen. Auf meine Frage nach einem Ostello nimmt mich ein älterer Herr am Arm, geht um ein paar Ecken, da ist es, es öffnet aber erst um 15 Uhr und tel. erreicht er niemanden, ob dort überhaupt noch frei ist. Er empfiehlt mir, zum Ostello della Cisa am gleichnamigen Pass weiterzugehen. Nach Cola und Keksen gehe ich weiter, komme noch am Ostello del Seminario vorbei, aber da

springen hunderte Kinder und Jugendliche rum, sodass ich gleich weiterziehe. Es geht über steinige, felsige, matschige, immer steile Pfade vornehmlich rauf, ab einer Pferdeweide mit vielen Pferden am Pfad und entsprechend noch mehr Bremsen, die ich ganz schnell hinter mir lasse, Es geht runter zum Ostello an der Passstraße. Dort angekommen, macht die Seniorchefin eine düstere Miene zu meinem Ansinnen und meint wohl „voll". Nach einigem hin und her schaffen sie doch noch eine Möglichkeit für mich und ich kann bleiben. Später kommt Riko aus Mailand, in Berceto gestartet und wird bei mir mit einquartiert. Er hat reserviert. Seit er 2007 von Saint-Jean-Pied-de-Port den französischen Jakobsweg nach SdC in 30 Tagen gelaufen ist, lässt ihn seine Frau nur mehr eine Woche jährlich pilgern. Kaisa und Ursula sind auch hier und vollkommen erstaunt, mich zu sehen. Abends gibt es ein 3 Gänge - Pilgermenü für uns vier auf der Terrasse.

Passo della Cisa

1. Gang: Schwartenmagenbrot; 2. Gang: Grüne Gnochii; 3. Gang: gegrillte Schälrippchen, 13,- €/Person. Üb 17,- €. Ich kaufe noch eine Via Franci-Plakette.

Pilgertag 41, Sonntag, 10.07.16: Ostella della Passo – Villafranca (35 km) 700 Hm Aufstieg, 1500 m Abstieg.

5 Uhr aufstehen, leise packen damit mein Zimmergenosse nicht erwacht, 5.45 Uhr los. Ich vergesse meinen Haselstock, drehe um, komme aber nicht dran, weil er zwischen 2 Toren eingeschlossen ist, schnitze mir unterwegs einen neuen. Mein 2ter Trekkingstock war ja schon in der Schweiz in die Brüche gegangen. Zeitverlust: mind. 45 Min. Am Pass geht der Weg rechts weiter bergan. Ich bleibe auf der Straße und ca. 3 km weiter quert der Franci wieder meinen Weg. Zwischenzeitlich holt mich Riko ein, er habe die Abzweigung nach links

verpasst, dabei kommt die erst noch. Sein PiFü ist hier falsch. Wir machen uns gemeinsam an den Abstieg. Er mit seinen 70 Jahren geht das ganz locker an und so habe ich nach gerade einem Tag ohne, wieder „Stöckegeklapper" hinter mir. Es geht in Schotterrinnen extrem steil abwärts. Im ersten Dorf läuten die Glocken (8.30 Uhr) aber der Weg führt dran vorbei. Im zweiten will Riko unbedingt Kaffee trinken, ich lasse ihn und bin ihn somit los. Wieder ein mysteriöses italienisches Umleitungsschild am Weg, das ich ignoriere. Wenig später ein Wildbach und die Brücke fehlt. Aber es liegen genügend Steine quer, sodass es ohne nasse Füße drüber geht. Hätte ich die Umleitung genommen, wäre ich wohl nicht hier vorbeigekommen. Im Dorf „Previde" frage ich gegen 10 Uhr eine Passantin nach einem Café. Sie zeigt auf das Haus hinter mir und die große Glocke die dort hängt. B&B Eremo Gioioso. Ich läute, werde hereingebeten und mit Kaffee, Plätzchen und Biskuit verwöhnt. Nach dem Preis gefragt heißt es nur: Oferta (Spende) Ich gebe 5,- € ins Kästchen und informiere Karl hinter mir über die schöne Herberge, die wohl in seinem Etappenrhythmus liegen muss.

Am Ortsausgang passe ich nicht auf, gehe zu weit und kehre um. Wenig später wieder viele nicht eindeutig markierte Wege. Ich gehe falsch und komme am Hang zu hoch. Das nächste Dorf heißt aber wie im PiFü beschrieben. Aber es gibt kein WZ. An der Straße frage ich nach der nächsten Ortschaft, es geht die Straße runter. Wenig später wieder ein Abzweig zum o.g. Dorf mit Zusatz. Scheinbar gibt es ein Ober- und Unterdorf. Ich gehe rein und da sind WZ und auch der beschriebene Abzweig.

Dann bin ich auf einem uralten Handelsweg, z.T. noch große Strecken original erhalten, mit Steinbogenbrücken, alten Pflasterstrecken (der Weg wird bereits im 10. Jh. erwähnt). Er geht auf den Passo della Crocetto, 450 Hm hoch, über 500 Hm in einem Stück wieder runter bis Pontremoli (13.30 Uhr). Eine wundervolle Halbtagestour *****. Pontremoli ist eine echt mittelalterliche Stadt *****. Cola – Eis – Salat - Pause. Ursula und Kaisa kommen an, ich wähnte sie vor mir. Sie hatten sich schrecklich verlaufen und sind im Kreis gegangen, dann nicht mehr über den Pass, sondern die ewig lange Straße entlang. Da haben sie was verpasst. 15 Uhr, zu früh für ein Quartier nach 24 km. Ich hänge noch 11 km dran, gehe auf der Radfahrervariante bis Villafranca und suche ein ausgeschildertes Ostello. Da sind nur Schwarze und niemand versteht mich. Dann, die Brücke über den Magra – gesperrt, die einzige Chance, den Ort zu erreichen! Aber „mein Schutzengel" hupt aus seinem 500 er Fiat, zeigt mir einen Pfad zwischen den Häusern hinab ins Flussbett – Schotterdamm – Behelfsbrücke und schon bin ich auf der anderen Seite. Weder hier, noch drüben ist irgend eine Umleitung ausgeschildert (Italiener halt). Ich finde das Hotel laut PiFü, checke ein, bekomme den Pilgerpreis mit 50,- € einschl. Abenddinner. Der ältere Hotelier lässt sich nicht lumpen: Gr. Portion Lasagne, gr. gemischter Salatteller, 2 Radler für 10,-€ - alles im Preis inbegriffen.

Im Ort ist Mittelalterfest und direkt vor meiner Hotelterrasse laufen Feuerspeier, Schwertkämpfe, Fahnenschwenker und gerade (21.45 Uhr) eine Beizvogelvorstellung. Ich genieße den Abend ohne mehr Schmerzen oder Problemen als die vielen, kurzen Etappen zuvor. Rufe Karl noch an und gebe ihm Infos und Vorschläge für seine nächsten zwei Etappen und Übernachtungsmöglichkeiten, was er sehr hilfreich findet.

Pilgertag 42, Montag, 11.07.16: Villafranc – Sarzana (32 km)

6 Uhr los, im ersten Dorf verlaufen, kostet mich eine dreiviertel Stunde und zusätzliche Kilometer. Wege wie gehabt: Alter Handelsweg, Wald- und Felsenpfade, Forstwege mit matschigen Kuhlen von den Forstmaschinen, Schotterrinnen und –wege, auch Asphalt. Der Auf- und der Abstieg am Schluss sind echt „kernig“. Dann der Blick zum Mittelmeer. Ein erhebendes Gefühl.

Zwei Drittel sind geschafft, 6 Wochen, 1000 km. 16.30 Uhr komme ich an, frage, suche das Ostello des Franziskaner-Seminars. Auf einem großen Platz spricht mich ein junger Mann an, ob ich die Herberge suche. Ich stehe direkt davor, aber es gibt keinerlei Hinweis. Er lässt mich ein, weist mir eine Matratze samt Kissen zu, kassiert 10,- € und das war´s. Martin ist auch hier und Roberto, im Folgenden nur der Schnarcher genannt. Er hat es geschafft, dass alle im Zimmer des Nachts ihre Klamotten schnappen und so weit wie möglich innerhalb des Gebäudes von ihm Abstand suchen.

Pilgertag 43, Dienstag, 12.07.16: Sarzana – Massa (31 km)

Um 5.30 Uhr los, etwas kaputt und lustlos bis zur Pause von 8.15 Uhr bis 9 Uhr bei Luni mit Kaffee und Berlinern. In Carrara treffe ich Martin. Wir gehen gemeinsam nach der Beschreibung im PiFü, bis zur 1. Abzweigung Richtung Strand, die Martin nimmt. Der markierte Weg zieht entlang der Hangkante des Gebirges und berührt das Meer gar nicht. Leider ist es so diesig, dass die „Marmor-Schneeberge“ nicht gut zu sehen sind. Ich trinke in einer Strandbar meine Cola und mache mich auf zur Tourist-Info von Marina de Massa, die allerdings von 12 bis 16.45 Uhr zu ist. Da sie nicht zugeschlossen ist, gehe ich trotzdem rein. Etwas widerwillig gibt mir die Mitarbeiterin wenigstens den gewünschten Stadtplan und zeichnet die Straße mit der „Caritas-Herberge“ ein. Anrufen will sie da aber nicht. Weil ich nicht in dem Touri-Rummel bleiben will und die Herberge bereits am morgigen Weg liegt, mache ich mich dahin auf (liegt schon in Massa) und: zu, scheinbar den ganzen Juli. Ich gehe zum Bahnhof von Massa und überlege, wie´s weiter gehen kann. Im Unterkunftsverzeichnis ist ein supergünstiges Hotel in der Nähe aufgeführt. Also dahin, denn für weiteres Suchen anderer Adressen

Schönes am Weg

habe ich keine Kraft mehr. Immerhin habe ich so von den für morgen geplanten 39 km schon 6 km weg. Üb 50,- €, Hotel Annunziata. Karl ruft an. Er ist in Aulla (von Villafranca mit dem Zug). Ich kann ihm wieder Tipps für die kommenden Etappen geben.

Pilgertag 44, Mittwoch, 13.07.16: Massa – Valpromaro (37 km)

4.10 Uhr aufstehen, um 5 Uhr auf dem Weg. Ich finde direkt an der Hauptdurchgangsstraße die Markierung des amtlichen Weges und folge ihr

einige km der Straße entlang mit viel Verkehr. Besonders fallen die vielen Marmor transportierenden, großen Vierachser und Sattelzüge auf, die ja immer die gleiche Strecke fahren und deren Fahrer das dann „im Schlaf tun" und nicht unbedingt mit Fußgängern rechnen. Die  meisten Straßen haben Gehwege oder wenigstens Bankette in die man ausweichen könnte. Oft hängt aber der Bewuchs so über, dass man auf der

Fahrbahn gehen muss. Bereits um 8.30 Uhr bin ich am Pi-Fü-Etappenziel, Pietrasanta, trinke Kaffee, sehe mir den Dom an ***, innen gebaut und alles verkleidet mit verschiedenem Marmor. Selbst die Beichtstühle sind daraus gemacht. In den Städten natürlich nicht nur die Kunstwerke, oft auch Bordsteine, Gehwegbeläge und sonstiges Allgemeinzeug ist daraus. Leider nicht immer in einem guten, ansehnlichen Zustand. Am Ortsausgang von Pietrasanta ist die Beschilderung korrigiert. Der Geradeauspfeil ist durchgestrichen, ein neuer zeigt nach rechts. Der durchgeixte Pfeil entspricht der Beschreibung im PiFü. Ich halte mich dieses Mal an die Änderung und laufe wieder zig km entlang der Nationalstraße. Da der „echte" Weg eine große Schleife macht habe ich erst im nächsten Ort die Chance, auf ihn zu stoßen. Markierungen auf der geänderten Route gibt es so gut wie keine. Ich gehe nach Gutdünken immer in eine Richtung, es geht steil den Berg hoch und oben habe ich den Weg mit nagelneuen WZ wieder. In Camaiore mache ich Mittag und esse Pizza mit Cola und Eis. Das ist mein Glück, denn vor meinem Tagesziel ist wieder eine Umleitung ausgeschildert und es geht nochmals 250 Hm hoch auf einen komplett neu gebauten Weg zum touristisch bestimmt interessanten, höchsten Kirchenort der Region und an der anderen Bergflanke wieder runter. Das hat mir 4 km mehr eingebracht als geplant. Den ganzen Tag war es bewölkt, beim Abstieg regnet es auch noch. Sonst ist heute angenehmes Wanderwetter. Die Sonne scheint nur gelegentlich durch die Wolken, aber dann sticht sie. Sonst hat es nur um die 30 Grad. Am Sonntag, z.B. in Aulla, zeigte das Außenthermometer einer Apotheke in der Sonne bereits um 11 Uhr 48 Grad. Und hier bewegt man sich vornehmlich in der Sonne.

Gegen 16 Uhr, 1 Stunde später als vorgesehen, komme ich beim Ostello in Valpromaro an, bei dem ich mich am Abend zuvor von der Hotelrezeption in Massa anmelden ließ. Eine sehr freundliche, ehrenamtliche Hospitarieri empfängt mich deutsch sprechend. Wertmutstropfen: Der Schnarcher von Sarzana ist auch hier. Um 19 Uhr gibt's gemeinsames Abendessen draußen, da die Sonne wieder scheint, allerdings im Langarmhemd und angezippten Hosenbeinen. Es gibt Hackfleischbällchen, etwas Tomatensoße, Kartoffelsalat mit halben Kartoffen, Tomatensalat, echten französischen Käse und dazu aufgebackenes Weißbrot, Wasser und ein Gläschen Wein für jeden. Es ist ist ein schöner Platz zum Raussitzen, doch bald wird es zu kühl. Heute Abend habe ich es geschafft, die beiden Fersenblasen ‚aufzuschneiden. An der linken Ferse hat sich drum herum schon ein großer lilaroter Hof gebildet. Raus lief gelber, zäher Eiter.

Zum Wetter: Ich hoffe nur, dass es mir mit den Apuanischen Alpen, die vor mir liegen nicht genau so geht mit den Schweizer. Da hieß es: „Die Berge sind immer da, nur sie zeigen sich nicht jedem".

Ich kann trotz Schnarcher im Zimmer einigermaßen schlafen, Martin hat sich auf eine Couch im Aufenthaltsraum verzogen.

Pilgertag 45, Donnerstag, 14.07.16: Valpromaro – Lucca – Altopascio (34 km)

Um 4 Uhr schlafe ich nicht mehr wegen dem Geschnarche. 4.30 Uhr aufstehen, 5 Uhr raus, 20,- € Spende für Üb + Abendessen dagelassen. Ich muss feststellen, dass ich zu früh los bin. Kommt man unter Bäume oder gar in den Wald sind die WZ nicht zu finden. Es ist noch zu dunkel. Ich muss ab jetzt also später los, wenn es nicht gerade lange auf einer Straße langgeht. Folglich bin ich länger im heißen Teil des Tages unterwegs. In der Nacht hat es sich zwar etwas abgekühlt, aber bereits um 7 Uhr sticht die Sonne.. Schon um 8.30 Uhr bin ich in Lucca, die Tourist-Info am Anfang der Stadt hat noch zu (wollte wegen einer Unterkunft für morgen fragen). Am Platz vor der San Michele-Kirche mache ich Frühstück. Hier ist alles doppelt so teuer wie die Tage bisher. Na ja – Touri-Stadt eben und die tolle Aussicht genau auf die Kirche fordern ihren Tribut. Nach der Michaele-Kirche besuche ich noch den Dom (3,- € Eintritt!) Dann geht's über die Festungsanlagen zum entsprechenden Tor. Bei der Tourist-Info dort ist man nicht in der Lage, mir bzgl. Unterkünften zu helfen – das gehört nicht mehr zur Region Lucca – so die Aussage. Also ziehe ich weiter und komme um 15 Uhr in Altopascio an. Das reservierte Ostello ist nicht leicht zu finden. Bei der Tourist-Info klingle ich und bekomme viel italienisch zu hören, aber niemand macht auf. Eine italienische Mitpilgerin, Martha, irrt ebenfalls umher und sucht. Ich mache sie auf die Klingel aufmerksam und sie erhält die Auskunft, dass wir uns in der städt. Bibliothek melden sollen, die wir nach etwas Hin und Her dann auch finden. Nach den Formalitäten, Perso kopieren, Stempel in den Pilgerpass, 10,- € bezahlen, werden wir um einige Ecken zum Ostello geführt, erhalten einen Schlüssel und weg sind die zwei Begleiterinnen. Da Martha gleich in den 2. Stock entschwindet (hier ist Geschlechtertrennung groß angesagt), begebe ich mich in den ersten. Ein Zimmer, Einzelbett und Stockbett. Ich belege das untere Stockbett, da das Einzelbett bereits belegt ist. Im Nebenraum gibt es eine Dusche ohne Abgrenzung zum Raum, daneben steht eine Waschmaschine mit Krimskram drauf und gegenüber die Toilette. Beim Duschen wird alles ordentlich nass. Ein Wischmopp und Ausdrückeimer aus dem Putzkämmerchen helfen, das meiste Wasser aufzuwischen. Abends sitze ich noch auf der Piazza vor dem Haus da es innen keine Aufenthaltsmöglichkeiten gibt. Ein Mitpilger spricht mich an, er kann deutsch. Marco mit seiner Frau Cinzia stammen aus der italienischen Schweiz (Locarno) und sind dort gestartet. Ihre Kinder Martine (13) und Elia (11) kamen in Lucca dazu. Sie wollen bis Rom, 16 Etappen gemäß Pi-Fü. Wir unterhalten uns gut und lange, da auch Roberto, der Schnarcher, und

Emanuel dazu kommen, sowie die beiden Kinder, sodass viel erzählt und übersetzt wird.

46. Pilgertag, Freitag, 15.07.16:
Altopascio–St. Miniato Alta (25 km)
Um 6 Uhr bin ich der letzte, der aus dem Haus geht. Ich habe ein Zimmer mit Emanuel geteilt. Roberto war Gott sei Dank im 2. Stock. Es hat sich abermals abgekühlt und dunkle, tiefhängende Wolken ziehen über die Ebene. Ein kräftiger Wind bläst. Regnen tut es nicht – ideales Wanderwetter. Relativ bald geht's aus der Stadt ins Gelände, durch schöne Waldstücke, oft auf frisch ausgeschobenen Wegen. Bei Galleno läuft man auf einer original historischen Handelsstraße *** aus dem 12. Jahrhundert. In Ponte a Cappiano mache ich Kaffeepause. Hier ist ein Kanal seit Jahrhunderten mit einem „Brückenhaus" überbaut. Darin befindet sich eine Herberge. Weiter geht es über Hochwasserdämme des Arno und seiner Nebenflüsse nach Fucecchio**, ein nettes, quirliges Städtchen auf dem Berg. Tags zuvor hat mir Marco von einer neuen Herberge am Zielort erzählt und da eine Reservierung im

Franziskaner-Seminar nicht geklappt hat, steuere ich diese an. Das Städtchen **** liegt auf dem Berg, hat einiges zu bieten und ist wohl auch ein bedeutender Touristenort. Wie in Fucecchio zuvor gibt es vom „Unterdorf" mit großen Parkplätzen einen großen Aufzugsturm noch oben einschl. eines Treppenhauses. Die Pilgerwege gehen selbstredend auf Pfaden und alten Treppen nach oben und hinten wieder hinunter.
Nach grober Besichtigung des Ortes mit Dom frage ich in der Tourist-Info nach der Lage der Herberge. Ich bekomme eine völlig untaugliche schwarz-weiß-Kopie vom Stadtplan und die Lage auch noch am falschen Ende der Stadt eingezeichnet. Mit Smartphone und GPS sollte es besser gehen. Es

kennt sogar die Straße (eine kleine Gasse am Hang des Berges). Dort ist nur ein Torbogen durch alte Gemäuer. Beim zweiten Anlauf finde ich sogar einen Pilgeraufkleber, aber weiter unten auf der supersteilen Gasse, kommt schon eine andere Straßenbezeichnung mitten im Hang und nur ein durchgeixter gelber Pfeil. Also wieder hoch. Nachgefragt. Die Gasse hat den Namen entsprechend meinen Unterlagen. Da kommt ein Pilger die Straße runter, den ich die Tage schon mal gesehen habe. Ich spreche ihn an, er will ebenfalls zu der Herberge und stutzt auch an der Gasse, fragt einen Handwerker und der erklärt wohl, dass das alles richtig sei und die Gasse nach der Straßenkreuzung weitergeht, sodass wir die Nr. 34 ganz unten im Tal finden. Ein uraltes Bauernhaus. Marco & Co, Roberto und Emanuel plus weitere sind schon da. Ich bekomme noch Platz, allerdings beim Schnarcher im Zimmer, da sich die anderen lieber alle in einen Raum zwängen. Fast alle machen Waschtag, hier gibt es Waschmaschine und Trockner, ich schließe mich an. Meine Hose bleibt vor lauter Salzgehalt bereits von alleine stehen. Beim Telefonat mit Karl, der in Marina de Massa einen Ruhetag einlegt, informiere ich ihn über bevorstehende Streckenprobleme.

In San Miniato Alto irre ich umher und finde nichts zu beißen. Weder Schnellrestaurant, noch Kebap-Bude oder Supermarkt gibt's hier. Da ich das Abendessen in der Herberge abgesagt habe muss ich jetzt warten bis ein Restaurant öffnet. Nachts friert der Schnarcher auch noch und macht alle Fenster zu. Wir sind zu viert in dem kleinen Raum. Dann kommt der Hospitaliere und zündet eine stinkende Kerze zum Abhalten oder Vertreiben der Schnaken an. Nur, was das soll? Von draußen können eh keine reinkommen und die drinnen kommen nicht raus. Irgendwann in der Nacht stinkt´s und schnarcht´s mir zu arg und ich verziehe mich auf eine alte Ledercouch im Fernsehzimmer, wo ich super gut schlafe.

Pilgertag 47, Samstag, 16.07.16: San Miniato Alto – San Gimignano (40 km) Ich habe am Abend schon eine frühe Abreise vorbereitet und bin 5.30 Uhr auf dem Weg. Es geht auf herrlichen Wegen durch eine vom Morgenlicht verzauberte Toskana-Landschaft mit supertollen Rückblicken auf San Miniato. Eineinhalb Stunden später sehe ich erstmals die Türme von San. Gimignano und dazwischen jede Menge Toskanalandschaft mit Fasanen auf dem Weg, Bienenfressern auf Stromleitungen und Wiedehopfen in Feldern und Rebanlagen. Bereits um 7 Uhr sticht die Sonne von einem strahlend blauen Himmel. 12.30 Uhr bin ich am Etappenziel laut PiFü und mache eine Stunde Kaffee-/ Mittagspause, da es bis hierher weder Café noch Bar gab. Die uralte romanische Kirche in Chlannl, dle schon Erzblschof Sigerico im 11. Jh. in seinem Reisebericht erwähnt, schenke ich mir; der Kaffee in Gambassi Terme nach 7 Stunden Wanderung zieht mehr. Die Wegabschnitte superschön. Die Wallfahrtskirche St. Maria von Pancole mit den lebensgroßen Krippenfiguren in einer Grotte unter der Kirche und die

Kirche Santa Maria a Cellone (1109 erstmals erwähnt) mit dem Ensemble von Gehöft und Kloster ein Schatz ****. Und dann, die Türme von San Gimignano! Früher 72 solcher Geschlechtertürme, heute stehen noch 15. In

San Gimignano

der Stadt empfängt mich um 17 Uhr ein Touristenrummel ohne gleichen. Nach größeren Anstrengungen finde ich eine Bleibe im Augustinerkloster und werde heute Nacht in einer echten Klosterzelle nächtigen. Jetzt 21.30 Uhr sitze ich um 21:30 Uhr nach guter Pizza und Ananaseis (von der angeblich besten Eisdiele der Welt) auf dem Domplatz.

Hier sollte ab 21 Uhr ein Konzert stattfinden, aber bisher höre ich nur Probetöne. Das Konzert beginnt mit der Nationalhymne. Alles steht auf und viele singen mit. Jetzt schwingt einer nach dem andere eine Rede und ich gehe. Obwohl ich eine nette „Einzelzelle" habe, schlafe ich diese Nacht schlecht.

Toscana pur

Pilgertag 48, Sonntag, 17.07.16: San Ginignano – Monterriggioni (30 km)

Ab 6.30 Uhr geht's durch die menschenleere Stadt, nur Straßenkehrer und Kehrmaschine sind unterwegs. Heute „verpeile" ich mich einige Male. Zuerst hab ich im Kopf, dass 2 Stunden später eine Bar zum Frühstücken kommt. Also muss ich nicht hier in der Stadt in einer der bereits offenen Bars frühstücken. Fehlanzeige: die erste komme nach 5 Stunden. Vorher eine, die zu ist. Dann steige ich gedankenversunken einen steilen Schotterweg hoch, ohne nach rechts oder links zu schauen. Weit vor mir geht ein Ehepaar (keine Pilger). An einem Hoftor wartet der Mann auf mich und fragt: „Pellegrini" – Via Francigena? „Si" meine Antwort.

Er bedeutet mir, dass ich falsch – zu weit gegangen bin. Ich gehe zurück und finde eine Schotterrinne, an deren Rand, zurückversetzt auch ein VF-Stein steht. Oben, am Ende des riesigen Grundstückes, steht der Mann wieder und überzeugt sich, dass ich richtig abbiege: „Mein Schutzengel in Blau". Wenige km nach San Gimignono ist die „Bilderbuch-Toskana" zu Ende. Es geht durch Täler, über Bäche mit Trittsteinen, Furten mit Gott sei

Monteriggioni

Dank wenig Wasser, auf Hügel, durch Wald und landwirtschaftliche Flächen. Wege wie gehabt. Einmal geht's per Pfad sogar durch einen Lorbeerwald. Nach der 12 Uhr-Pause stelle ich wie gestern fest, dass das „Auftanken" mit ausge-zogenen Schuhen und Ruhen die Kräfte neu mobilisiert und es danach genauso gut weiter geht, wie morgens am Start. Nur der „Kraftstoff" hält nicht ganz so lange an. Um 15.30 Uhr bin ich in der hübschen Mittelalterstadt Monteriggioni, übersetzt: „auf dem höchsten Berg". Doch da ist dieses Wochenende Mittelalter-Spektakel und die Stadt ist voller Touris. Jetzt,

16.45 Uhr, sitze ich immer noch vor dem Ostello und weiß nicht, ob ich die Nacht ein Bett haben werde. Der Hospitalieri kommt, ich checke ein und habe ein Bett im 5er-Zimmer. Der Pilger, mit dem ich in San Miniato auf Herbergssuche war und der gestern in Sant Gim. abends um 19 Uhr so schnell an mir vorbeizog, dass ich nicht einmal mehr rufen konnte, ist da, ebenso das mexikanische Pärchen von letzter Nacht. Später kommt noch ein Junge und wir sind komplett. Das Städtchen ist einmalig schön 5*****. Mit einer erhaltenen, wehrhaften Stadtmauer von 570 Metern misst es nicht einmal 200 m im Durchmesser. Ein Lehrpfad erklärt die Geschichte. Auch deutsch. Das Mittelalter-Spektakel nimmt seinen Lauf zum Höhepunkt um 24 Uhr, einer Feuershow mit anschließendem „Geböllere". Erst 1.30 Uhr ist Ende. Trotz des Lärms vor dem Fenster schlafe ich ganz gut.

Pilgertag 49, Montag, 18.07.16: Monterigginoni – Siena (20 km)

Um 5 Uhr klingelt der Wecker der Mexikaner, 5.30 Uhr meiner. Bis die in die Pötte kommen, bin ich schon weg und laufe parallel zu einem herrlichen Sonnenaufgang. Gestern Abend ging die Sonne genau in einem Stadttor des Städtchens unter, das war ein Schauspiel! Nur leider wegen des Festes viel zu viele Leute. Danach habe ich mit Tochter Anna telefoniert und das hat meinem Gehen neuen Schwung und Inhalt gegeben. Oft geht's auf Fragmenten der alten Handelswege zwischen den früher so wichtigen Städten und man kann von einer hoch liegenden Stadt zur anderen schauen, was damals existenziell wichtig war für die Verteidigung bzw. die Alarmierung vor einem Angriff. Den ganzen Tag sticht die Sonne erbarmungslos aus wolkenlosem Himmel. Die Wege gehen oft durch Wald, folglich ist sie erträglich. An der „Pilger-Oase: die Villa" treffe ich zwei Niederländerinnen, die gestern auch am Ostello waren aber dann eine private Unterkunft nahmen. Sie sind vor 2 Jahren in Amsterdam gestartet und machen den Weg abschnittsweise.

Nicht nur die Wegauszeichnung hier hat sich in einzelnen Abschnitten verschlechtert, auch die Herbergen. So gibt es kaum noch Gästebücher, sodass der Kontakt nach hinten komplett zum Erliegen kommt. Die letzten Tage habe ich eines nicht vermisst: die Geräusche von Schnellstraßen und Zugverkehr. Aber es geht Richtung einer größeren Stadt, da gehört das wohl dazu. Ich vermisse in dieser Landschaft auch Obstbäume mit reifen Früchten. Ringlos stehen, wenn überhaupt, weit hinten in den Gärten, Zwetschgen sind noch nicht reif und Oliven, die es zu Hauf hier gibt, kann man so nicht essen. Das einzige sind wilde Mirabellen, türkische Kirschen. Meine Pause mache ich erst in den Straßen von Siena, dazwischen gab es wieder nichts. 12 Uhr Tourist-Info – Stadtplan – Straßen der Herbergen einzeichnen lassen; seltsam, alle drei sind an einem Ort trotz unterschiedlicher Straßen- und Betreibernamen. Tatsächlich, alle meinen auch die gleiche Herberge. Ein von Schwestern betreutes „Caritas-Heim" mit Armenküche. Dass ich nicht auf der Anmeldeliste stehe, moniert die Verantwortliche schwer, aber ich bekomme trotzdem ein Bett. Ich kann meinen Rucksack nicht mehr „ertragen" und schicke 4 kg nach Hause. Hoffentlich bereue ich es nicht. Aber, ich bin zuversichtlich für die letzten 11 Tage. Nach einem ausführlichen Stadtbummel durch die Gassen von Siena bin ich um 19 Uhr wieder im Quartier. 20.15 Uhr gibt es hier Abendessen: Brot, Käse, Schinken, viel Salat und Obst, das fehlt mir schon lange. Das franz. Ehepaar in meinem Alter, das mich gestern überholt hat, ist auch da.

Sie kann etwas Deutsch und so gibt es untereinander eine kleine gedolmetschte Unterhaltung. Eine gut 70 jährige Französin ist auch hier, die am Gr. St. Bernhard angefangen hat. Wir sind 14 Leute in der Herberge. Jetzt wird es langsam wohl enger in den kommenden Unterkünften.

Dom in Siena

Pilgertag 50, Montag, 19.07.16: Siena – Ponte d´Arbia (28 km)
6.10 Uhr gestartet, nachdem ich einen lauwarmen Kaffee und etwas Gebäck zu mir genommen habe. Der „echte" Kaffee wird erst ab 6.30 Uhr gekocht. Es geht durch die menschenleere Stadt hinaus und bis zum Mittag gibt es wundervolle Rückblicke auf die Skyline der Stadt mit ihren unverwechselbaren Türmen, ebenfalls auf einer Bergkuppe gelegen.

Die Wegebeschreibungen in PiFü stimmen immer öfter nicht mehr mit den tatsächlich ausgeschilderten Wegen überein. So heißt es dort für heute, keine Stadt / kein Dorf läge am Weg und so habe ich gestern vorgesorgt und Essen sowie 1 Flasche Eistee eingekauft. Doch bereits nach 8 Uhr komme ich zur zweiten Bar

Piazza del Campo in Siena

am Weg und mache Kaffeepause. Die Verantwortlichen tun hier viel für den Weg, die Pilger und die Gastronomen. Es werde extra Gehwege und Überwege an Straßen gebaut, die Trasse zu Orten mit Infrastruktur gelenkt, die Beschilderung, zwar nicht einheitlich, aber immerhin verbessert. Mittags ab 11 Uhr gilt meine Bitte „ans Universum" – Zitat aus Hape Kerkeling – ein geeigneter Pausenplatz solle demnächst kommen. Und, er kommt. Mit Sitzgruppe, Wasserstelle, Abfallbehälter, großen Bäumen und somit Schatten, plus noch einer Pergola. Hier lässt es sich Pause machen. Das mexikanische Pärchen kommt auch mit Nino und Franco (Italiener), die gestern in Siena starteten und dort in der gleichen Herberge wie ich waren.

Seit gestern und richtig ab heute komme ich ins richtige Pilgern, mit den richtigen Gedanken, mit Phasen des „Nichts" und der Gelassenheit des Weges. Das hat mir bis jetzt gefehlt. Leider fehlt meiner Unterlippe immer noch die Heilung. An jedem Morgen sind dicke Grinde drauf oder es blutet. Ich putze mir schon nicht mehr oft die Zähne oder esse kein hartes Obst, weil das alles höllisch brennt oder irgendwas wieder aufreißt.

Um 13.30 Uhr bin ich am Zielort. Nico und Franco sind schon da, das mexikanische Pärchen kommt. Jetzt geht das Warten auf die Zubettgehzeit los. Telefoniere mit Karl. Er macht einen „Ruhe-" sprich Kulturtag in Lucca, ist also 7 PiFü-Etappen hinter mir. 19.30 Uhr, alle Pilger*innen gehen

Brücke bei Ponte d´Arbia

gemeinsam gegenüber im Pizzeria-Restaurant essen. Ein Gedeck mit gr. Pizza und Radler kostet 10,- €, Pasta, Hauptgericht, Rotwein 15,- €. Wir speisen alle gut und viel. Ich habe ein 3-Bett-Zimmer für mich alleine. Die Mexikaner waren erst auch drin, aber sind dann wegen angeblicher Moskitos ausgezogen. Ich habe keine bemerkt.

Pilgertag 51, Mittwoch, 20.07.16: Ponte d´Arbia – San Quirico (28 km)
Habe trotz Vollmond und angeblicher Moskitos nicht schlecht geschlafen. Um 5.50 Uhr, bei Vollmond im Westen und aufgehender Sonne im Osten, gehe ich los. Erst ist es noch frisch aber ab 8 Uhr sticht die Sonne. Gefühlt hat es mindestens 36 Grad im Schatten, aber der ist selten. Ich sehe Rebhühner, Fasane, einen hageren Fuchs und später immer wieder Bienenfresser. Der Weg verläuft über und zwischen unzähligen Hügeln auf und ab, zwischendurch sehe ich Siena im Rückblick und die nächste Stadt auf dem Berg vor mir, immer so einen Tagesmarsch von der anderen entfernt. Auf sehr vielen Wegabschnitten springen mir alle 5 bis 10 m Eidechsen über die Füße. Die gibt´s hier mehr als Spatzen und diese sind schon unzählbar. Gegen 8 Uhr ist eine Kaffeepause möglich und nach der Mittagspause 11.30 Uhr in Torrenieri finde ich auf Nachfrage sogar einen Herrenfriseur der mir den Bart stutzt. Auf diesen Moment arbeite ich seit 2

Wochen hin. Aber bisher waren die Salons entweder zu voll, oder mussten aufhören, weil Bambino zu füttern war, hatten Urlaub oder waren nur für Frauen da. Na ja, jetzt hab ich´s geschafft.

Sorgen machen mir meine Laufschuhe die sich langsam auflösen. Meine Lederstiefel hab ich ja heimgeschickt und jetzt ziehen auf den Abend hin auch noch schwere Wolken auf. Regnen darf´s die nächsten 9 Tage aber nicht mehr. Sonst wird's heikel. Geht´s doch morgen wieder auf die Höhen, 1000 Hm, nicht auf einmal, so hohe Berge gibt's hier nicht mehr, aber immer hinab und höher rauf … Von den Herbergen habe ich langsam auch genug. Heute sind wir zu zwölft in 6 Stockbetten in einer besseren Besenkammer, eine Toilette und eine Dusche in einem Raum, da ist anstehen angesagt. Roberto, der Schnarcher ist auch da, obwohl ich zwischendurch ein 40 km Etappe machte, um ihn loszuwerden. Ich richte mir vorsichtshalber im Aufenthaltsraum einen Platz für die Matratze auf dem Boden und ziehe tatsächlich gegen 23 Uhr dorthin um. Meine komplette Ausrüstung habe ich bereits da deponiert. Kurz nach 4 Uhr ist es hier mit der Ruhe aus. Der Schnarcher hat ausgeschlafen und kaschpert im ganzen Haus herum. Ein absolut rücksichtsloser Mensch. Dann redet er auch noch mit sich selbst, Reißverschlüsse und Tüten gehen hundertmal auf und zu und als ich um 5 Uhr aufstehe, mich fertigmache und 5.30 Uhr gehe, wurschtelt er immer noch an seinem Zeug rum, hat mittlerweile alle aufgeweckt und so hat er jemand zum Erzählen.

Pilgertag 52, Donnerstag, 21.07.16: San Quirico – Radicofani (33km)

Es geht wie gehabt. Sonne pur, blauer Himmel, Hügel und Täler, auf und ab. Die Landnutzung wird großflächiger und so fühle ich mich wie in der Po-Ebene nur noch das ständige rauf und runter kommt dazu. Es gibt am ganzen Weg keine größere Ansiedlung und die Cafés am Touri-Ort: „Bagno Vignoni" – heißt: heiße Quellen *** haben morgens um 8 Uhr noch zu. Gegen 11 Uhr finde ich ein schattiges Plätzchen in einem ausgetrockneten Bachbett und hoffe inständig, dass ich die Reste Brot und Käse von gestern Abend in meinem Rucksack finde. Bei dem Tohuwabohu gestern Nacht bin ich mir gar nicht so sicher. Doch, alles da, folglich kann ich „tanken" für die nächsten 15 km. Es geht weiter und 8 km vor Radicofani ein kleines Schild: „Bar 300 mtr". Ich hin und die Flüsssigkeitsvorräte aufgefüllt. Cola und Eistee sofort und ein Liter kühles Wasser in den Camelbag. So werden die letzten km und Höhenmeter trotz z.T. höllischem Weg gut gemeistert und 15.30 Uhr bin ich im Ort, zuerst ein Eis, dann die Herberge. Ich nehme die Zweite am Ortsende. Später kommen die Mexikaner dazu und bestätigen, dass der Schnarcher in der Ersten geblieben ist; uff, plumps.

Der Ort ****, wie im Mittelalter. Hoch darüber thront die Festung. Morgen verlasse ich die Region Toskana und komme ins Latium, Hauptstadt Roma, noch etwa 160 Auto-km entfernt, laut PiFü noch 190 km Pilgerweg. Die

Landschaft hat sich auch geändert. Es gibt tief eingeschnittene Täler / Schluchten, Brach- und Weideland, vor allem für die Abruzzen-Schafe, die meist in Herden alleine hier unterwegs sind und von den speziellen Abruzzen- Herdenschutz- hunden begleitet werden. Diese Hunde wachsen in der Schafherde auf und sind jetzt auch in Deutschland begehrt, da sie „ihre" Herde selbst gegen Wölfe verteidigen.

Meine grauen Icebreaker- Merinosocken sind auf der Zehenoberseite hauchdünn bzw. links schon durch. Ich habe zwar noch 2 Paar dabei,

Landschaft um Radicofani

aber die sind, trotz gleichem Fabrikat + Material „anders gestrickt". Ich traue mich nicht, mit diesen lange zu laufen.

Pilgertag 53, Freitag, 22.07.16: Radicofani – Acquapendete (32 km)
Mein Wecker klingelt nicht und da ich alleine im 10-Bett-Zimmer bin wache ich erst um 6 Uhr auf und bin 30 Minuten später unterwegs. Ca. 3 km nach dem Ort muss es eine große Bienenfresserkolonie geben, hier fliegen Dutzende herum. Auch ein großer Falke (Rötel-)? – rötlicher Bürzel – ist zu sehen. Bei der Kaffeepause im Tal des Rigo beobachte ich einen Fischadler. Auch Milane sehe ich wieder (Egons habe ich sie in der Schweiz betitelt).

Beim Zurückblicken sehe ich den ganzen Tag den Bergkegel mit Festung von Radicofani, selbst vom nächsten Etap- penziel (lt. PiFü: Proceno) aus sehe ich die Burg hier und den Turm dort. Mir wird bewusst, dass ich seit Karl, den überholten Mädels Ursula und Kaisa und zuletzt Martin niemand Deutschsprachigen

Sonnenaufgang über Radicofani

mehr getroffen habe, obwohl immer mehr Pilger und immer neue Gesichter zu sehen sind.

Den ganzen Tag spüre ich keine Fersenschmerzen. Auch ein schönes Gefühl. Dafür entdecke ich beim Sockenwechsel gegen 11 Uhr, mitten auf der Landstraße, eine Blase am linken kleinen Zeh außen und schneide sie gleich auf. Ursache ist sicher die zerrissene Socke links. Vier Zehen schauen aus dem großen Loch. Ich trage jetzt die schwarzen Merinosocken. Anfangs, in den schweren Schuhen, habe ich die gar nicht vertragen. Aber jetzt bleibt mir nichts anderes übrig.

Bei der zweiten großen Bienenfresserkolonie sehe ich auch einen Wiedehopf. Mein Tagesziel erreiche ich gegen 15.30 Uhr nach 32 km schönem Weg, sogar mal wieder singend und pfeifend. Einen sehr schönen, z.T. alten Wegabschnitt gibt es zwischen der Landstraße und dem Schwimmbad (Piscine) von Proceno. Er führt tunnelartig durch schönen Wald und die Aue des dort fließenden natürlichen Flusses. Auch der Ort Proceno ** ist sehenswert.

Am Ortsanfang von Acquapendete ist eine Via-Francigena-Info-Stelle mit Personal. Aber die haben nicht mal einen Stadtplan wo man die Herbergen einzeichnen könnte. Die Erste liegt am Weg, macht aber erst 16 Uhr auf. Ich gehe weiter zur Kathedrale mit einer Krypta *****, wie ich sie noch nie gesehen und erspürt habe, dann zur Tourist-Info gegenüber, wo ich mir die o.g. Info hole. Zurück zur ersten Herberge stehen da zwei italienische Pilgerinnen und die Betreuerin kommt auch gerade. Wie ich mit nach oben und in den Schlafsaal gehe, sehe ich Roberto, der auch schon wieder die Betreuerin mit belanglosem Zeug anquatscht (Mülltrennung). Ich mache sofort kehrt und gehe zur zweiten Herberge, etwas außerhalb auf einem Hügel liegend. Ein schönes, altes, von Nonnen geführtes Kloster. Ich habe eine „Einzel-Zelle" und Marco und Franco sind auch hier; wie ich vor Roberto geflüchtet. Ich muss zum Essen in die Stadt runterlaufen, aber das ist es mir wert. Morgen mache ich nur 22 km und somit einen halben Ruhetag in Bolsena am gleichnamigen See, denn am Sonntag werden es wohl 37 km. Abendessen in der Stadt. Ein richtig toller Kebap-Teller mit jeder Menge Salaten, Antipasti, Pommes und Radler für 11,- €. Karl ruft an. Er ist in Gambassi Terme (Etappe 38) und bleibt morgen dort – Füße pflegen. Habe ihn wieder mit Tipps zu den kommenden Abschnitten versorgt. Mit Sigrid telefoniert. Sie hat Besuch von Anna und Emil (Tochter und Enkel).

Pilgertag 54, Samstag, 23.07.16:
Acquapendete – Montefiascone-
Paoletti (45 km)

Pilgerdenkmal in Montefiascone

Aus dem Ruhetag ist ein Marathon geworden.

Gehe 5.50 Uhr aus dem Haus. Ich will ja möglichst viel Zeit am See verbringen. Zur Stadt raus fängt es an zu tröpfeln. Bis der Regenschutz über dem Rucksack ist hört es schon wieder auf. Aber es ist stark bewölkt, hat abgekühlt und den Tag über wird es kaum über 25 Grad warm und immer wieder leichte Regenschauer. Bereits 11.15 Uhr bin ich in Bolsena, es ist kühl, die Straßen sind voll von Touris und an jeder Ecke wird eine Bühne oder sonstiger Veranstaltungsort mit den letzten Utensilien versehen. Hier steigt heute Nacht und Sonntag ein Riesenspektakel, da muss ich nicht wieder wie vergangenes Wochenende mittendrin sein, zumal die Herberge direkt in der Ortsmitte liegt. Strandwetter ist auch nicht, also gehe ich weiter, nachdem ich mich mit etwas Proviant versorgt

Gänsehaut-Feeling: die "echte alte" Via Cassia Antica

habe. Auf dem Marktplatz haben die Geschäfte Namen wie: Metzgerei, Tageblatt, … - also alles in deutscher Hand.

Die Wegemarkierung wird furchtbar schlecht, oft ewig kein WZ und den berühmten Punkt 7 „Cassa Antica", beschrieben im PiFü bekomme ich gar nicht zu sehen obwohl am Berg oben wieder ein WZ ist. Der „Via Cassia" bin ich jetzt schon Tage auf der Spur. Dieser alten Römerstraße, die Rom mit Florenz und den nördlichen Provinzen bis England, Trier, Augsburg usw. verband. Hier gibt es noch einige original alte Trassenabschnitte, wenn man vorbei geführt wird. Nach 41 km bin ich am Ortsrand von Montefiascone, finde die dort beschriebene Herberge nicht. Am „Hohen Stadttor" gibt's sogar mal einen Stadtplan und die Straße der nächsten Herberge ist auch drauf. Also dort hin. „Vom 20. bis 24.7. nehmen wir keine Pilger auf" lautet ungefähr der Spruch, der da an der Tür geschrieben steht. Also weiter zur Tourist-Info wegen anderen Adressen. Die hat nur vormittags auf. Ich habe mir von vielen Herbergen zuvor eine Visitenkarte eingesteckt: Paoletti, hinter Montef. Ich rufe da an, die haben Platz, also nochmals 3-4 km dranhängen. Jetzt kommen auch die Abschnitte mit „echten Römerstraßen****" zwischen Montefiascone und Paoletti. Bolsena und Montefiascone sind sicher auch super sehenswert *****, ebenso diverse Etrusker-Ausgrabungen am Weg. Nach etwas Rumfragen finde ich das private Ostello von Franco und Immacolata, bin hier ganz alleine, bekomme ein tolles Abendessen mit den Beiden und alles auf Spendenbasis.

Pilgertag 55, Sonntag, 24.07.16: Montefiascone–Paoletti – Vetralla (35 km) Nach einer erholsamen Nacht stehe ich 5.30 Uhr auf und um bin 6 Uhr wieder auf der Via cassia antica, die vor 2000 Jahren gebaut, heute noch als Hauptstraße durch den Ort und darüber hinausführt. Ich komme in ebenes Gelände, ein weites Tal tut sich auf, Ackerbau und Olivenhaine herrschen vor. Gelegentlich eine „Haselnussplantage", wo man höllisch aufpassen muss, um nicht vom Weg abzukommen und die Richtung zu verlieren. Der Weg führt teilweise an der Talkante entlang und somit immer mal auf und ab und durch interessante Hohlwege im Tuffgestein., Alles ringsum ist ja vulkanischen Ursprungs; der Bolsena-See ist ein Caldera-See. Hier haben bereits die Etrusker gesiedelt und Städte, Tempel und Straßen angelegt. An einer Grabanlage komme ich vorbei, sie ist aber leider geschlossen. Auch steht z.B. der „Palazzo dei Papi", der Papstpalast von Viterbo auf der einen Seite auf einem römischen Tempel, auf der anderen auf den gigantischen Quadermauern aus etruskischer Zeit. Folglich haben nicht die Römer diesen Landstrich erschlossen. In Viterbo frage ich bei der Tourist-Info nach dem Bahnhof bzw. nach Fahrkartenbeschaffungsmöglichkeiten Richtung Deutschland. Ich bekomme die Auskunft, dass am Bahnhof keine Fahrkarten erhältlich sind und internationale nur in Reisebüros verkauft würden, die aber heute, Sonntag geschlossen sind. Also spare ich mir den Weg zum Bahnhof. In Viterbo mache ich nach knapp 4 Stunden meine Kaffee-/ Frühstückspause und breche dann zur zweiten Etappe des Tages auf. Am Morgen und am Nachmittag ist es angenehm bewölkt, nur über die Mittagszeit sticht die Sonne durch die Wolkendecke und Hut tragen ist angesagt. Am rechten Fuß ärgern mich Blasen auf der Sohle, deren Ursache sicher die anderen Socken sind, die immer wieder irgendwo Falten schlagen. Die Schwarzen (siehe vorne) sind einfach nicht formstabil. Ich habe noch ein Paar Sneaker - Sportsocken dabei (gleiches Material und Fabrikat). Morgen versuch ich´s mit denen, werde mir halt einen Sonnenbrandring um die Knöchel holen. Gegen Ende meldet sich auch mein linker Fußknöchel. Wenn nicht jetzt, wann dann? Habe ich doch in 2 Tagen 80 km hinter mich gebracht. Um 16 Uhr in Vetralla mache ich erst mal eine Mittagspause mit Cola, belegtem

Baguette und Eis. Dann starte ich auf den Berg zum Benediktinerinnenkloster, werde aufgenommen, habe ein DZ mit Dusche und WC, Bettwäsche und Abendessen für 30,- €.

Um 17.30 Uhr gehe ich in die Vesper. Im Chorraum sitzen 11 Nonnen, davon 3 Novizinnen und bis auf drei alle Schwarzafrikanerinnen. Es gibt 19.30 Uhr ein köstliches Abendessen: Nudelsuppe, gebratenen Fisch, gegrillte Zucchini, gedünstetes Gemüse, Brot, Obst und Wein. Zwei italienische Frauen, ein Mann aus Genf (Pilger) und eine Familie (machen hier Urlaub) sind noch da. Drei der Personen sprechen deutsch und wir unterhalten uns und dolmetschen noch eine ganze Weile. Obwohl ich ein tolles Zimmer alleine habe, schlafe ich nicht gut, träume u.a. von Rom und nach Hause zu kommen.

56. Pilgertag, Montag, 25.07.16: Vetralla – Monterosi (29 km)

Um 6 Uhr gehe ich aus dem Haus, die „Verabschiedungsschwester" ist auch da und wie von Geisterhand öffnet sich vor mir das Hoftor. In der nächsten Ansiedlung gibt's eine Bar und so habe ich um 7 Uhr schon gefrühstückt. Jetzt geht es auf Wald-, Schotter-, Hohlwegen durch wundervolle Eichenwälder und Haselnussplantagen. In der Altstadt von Capranica *** die zweite Pause. Der Ort liegt auf einem Felsensporn hoch über dem Tal mit Parkplatz. Von dort kann man heute per Aufzug nach oben kommen. Zwischen Capranica und Sutri, einschl. dem dortigen Archäologiepark durchwandre ich wohl einen der bisher schönsten Wegeabschnitte in Italien 5*****. Es geht über tiefe Hohlwege hinunter in wilde, natürliche Bachauen, Hangschluchtwälder mit üppiger Vegetation –

Etruskische Totenstadt bei Sutri

Urwald pur und hunderte Eidechsen bei schönem Wetter und gutem Licht - ein Traum, dieser Weg im „Parco Nationale Reg. dell Antichissma Citta di Sutri" und daran anschließend die einstige etruskische Nekropole,Totenstadt ****.

Seit einiger Zeit kreisen Donner und Blitze um mich herum, aber erst nach dem Einkaufen und zurück im Quartier entlädt sich ein Platschregen. Hoffentlich bekomme ich so etwas nicht noch ab. Für meine Schuhe wird´s jetzt echt Zeit, dass ich ankomme. Nicht nur, dass sie sich an den Seiten und Fersen langsam auflösen, auch die Dämpfung ist kaum mehr wahrzunehmen und Profil und Sohlen im Ballenbereich sind schon so dünn, dass das Gehen auf Schottersträßchen ein echter Eiertanz ist. Wenn dann noch ein spitzer Stein eine Blase auf dem Ballen trifft: „HURRA !!!" Über Mittag habe ich mit dem deutschen Pilgerzentrum in Rom telefoniert: 1. wegen der Fahrkarte – die soll ich in Rom am Bahnhof kaufen, 2. wegen einer Beichtgelegenheit in Deutsch. Die gibt es und ich werde sie wohl am Donnerstag wahrnehmen. Es ist ja doch wieder einiges hochgekommen auf dem Weg und seit meiner letzten Beichte in SdC. 3. Wegen einer Unterkunftsreservierung – da wollten sie nicht aktiv werden.

Abends entlädt sich hier noch ein anständiges Gewitter. Gut, dass ich da nicht draußen bin.

Pilgertag 57, Dienstag, 26.07.16: Monterosi – Formella (25 km)

Das gestrige Gewitter hat die Luft nicht mal abgekühlt. Nur Wege, hereinhängende Gräser und Zweige sind nass und Pfützen bzw. Schlammstellen müssen umgangen werden. 6.15 Uhr gehe ich aus dem Städtchen raus, genau nach Osten in die prachtvoll aufgehende Sonne. Eine kurze Teepause bei „Casscade de Monte Gelati" („Wasserfall am Eisberg") im Nationalpark am Treja-Fluss, dann gegen 10.30 Uhr große Pause in Campagnano, auf der Felsnase, wo ich mich wieder hoch- und dann runterkämpfen muss. Diese mittelalterlichen Städtchen sind echt der Hammer. Geprägt von großen Palästen an der Durchgangsstraße kann man auf den großen Reichtum zur entsprechenden Zeit schließen, gingen doch die größten Handelsstraßen Europas mal hier durch. Heute steht an jedem 4. oder 5. Haus: „Vendi" („zu verkaufen"), und wohnen möchte ich in diesen dunklen Löchern auch nicht. Von hier geht's mal nicht runter sondern weiter rauf und zur Wallfahrtskapelle „Madonna del Sorbo" *** - Sorbo = Eberesche. Ein schöner, stimmiger Ort, in der Kirche sogar ein Pilgerstempel, die große Ausnahme, da hier Kirchen meist verschlossen, und wenn offen, ohne Stempel sind. Ich mache hier nochmals eine „Trocknungspause", bis es die letzten 5 km nach Formello geht, das ich jetzt auch von oben kommend erreiche. Bereits am Ortsschild ist ein junger Mann zugange, der Via-Franci-Markierungen aufklebt. Ich bedeute ihm mit hochgestelltem Daumen, dass ich das sehr gut finde. Wie es sich herausstellt, handelt es sich um den Verwalter der örtlichen Jugend- auch Pilgerherberge, der mir gleich den Weg beschreibt und wie ich dort ankomme, kommt er auch gerade mit dem Auto angefahren. Die Herberge ist wieder einmal unter drei verschiedenen Namen die Immerselbe, folglich gibt's nur die eine am Ort und die ist voll. Ich könne aber auf dem Sofa schlafen. Das steht Im zentralen Raum wo jeder durch muss, der kommt, geht, aufs Klo muss oder telefonieren will. Da es laut Unterkunftsverzeichnis VF ein günstiges Hotel in einem km Entfernung geben soll, bitte ich dort anzurufen. Die haben frei, 28,- € Üb, Abendessen 15,- €, und würden mich in 10 Min. am Stadttor mit dem Auto abholen. Das klappt auch. Giovanni vom gleichnamigen Hotel kommt, es reicht nicht einmal mehr für ein Eis, und schon fahren wir, allerdings mindestens 5 – 6 km raus aufs Land. Zuvor zeigt mir der Hostelieri noch auf einer Karte wo das Hotel liegt und ich habe sie abfotografiert, damit ich Morgen den Weg

Pilgerweg in Italien
weiß-Richtung Rom / gelb-Richtung Santiago de Compostella

an die Via Franci wiederfinde. Von dem schönen Städtchen Formello und dem interessanten Gebäude (*), in dem u.a. die Herberge im 3. Stock untergebracht ist, habe ich zwar nichts gesehen, dafür sitze ich jetzt hier auf einer schönen schattigen Terrasse vor meinem Zimmer und genieße den Nachmittag. Bei der Ankunft habe ich mir im Restaurant noch Bier + Lemon bestellt und was bekomme ich? Eine echte Radler-Maß, wie in Bayern. Das Abendessen ist oK, nur viel zu viel – drei Gänge einschl. Wein, besagte 15,- €.

(*) Das Gebäude mit der Jugend- und Pilgerherberge ist ein uralter Stadtmauerpalazzo. Als Zugang zu den Geschossen gib es 1. einen Lift und 2. wurde im runden Turm eine gläserne Wendeltreppe bis aufs Dach eingebaut. Und in jedem Glastritt ist der Name einer Station der Via Francigena von Canterberry (England) bis Rom eingraviert. Leider kann ich keinen Blick vom Dach des Gebäudes werfen. Unten im Foyer ist gerade „Opernprobe". Den Stimmen nach mit Profis. Vom Feinsten!!!

Pilgertag 58, Mittwoch, 27.07.16: Formello (außerhalb) – Rom (38 km)
6 Uhr. Da das Hotel außerhalb und weg von der VF liegt, lasse ich mich per Smartphone und Navi an einen Knotenpunkt zur VF zurückführen.

Unterwegs komme ich in einem Industriegebiet an einer Fernfahrerbar vorbei. Das Frühstück: 2 Cappuchino und 2 süße Stückchen zum Hammerpreis von 3,40 €. Auf der Strecke wird eine Variante angeboten, die ich nehme. Sehr schön, bis auf die Heerscharen von Bremsen (Kuhmucken). Hier ließe sich eine schöne und interessante

Rundwanderung *** machen. Vom Schloß Castello Farnes bei Isola Farnese rechts auf dem Hauptweg Richtung Norden und auf der Variante wieder zurück, ca. 10 km. Unten bei der antiken Mühle hinterm Schloss ein schöner WoMo-Üb-Platz. Ab hier geht es nur noch der großen, meist 4 spurigen SS2 Cassia und später der Via Trionfale entlang. 15 km nur Straße, zum Großteil nicht mal ein Gehweg und furchtbar schlecht markiert. Beim späteren Telefonieren mit Karl empfehle ich ihm, von hier aus den Bus oder Zug bis zum Park Monte Mario, einem Vorort von Rom, zu nehmen. Die dortige Herberge habe ich um 13 Uhr erreicht. Hier bleiben? – Langeweile pur.

Blick über die ewige Stadt "Rom" vom Monte Mario

Also gehe ich über den Park Monte Maria mit Belvedere – Aussichtsplatz über die Stadt und erster Sichtkontakt mit dem Petersdom – hinunter, zum Petersplatz, mache und lasse Bilder machen und suche dann das deutsche Pilgerzentrum. Das hat im Juli und August aber nur von 10 bis 14 Uhr geöffnet.

Unterwegs habe ich mir einen Flyer einer neuen Pilgerherberge in Rom mitgenommen, nur 2,5 km vom Petersplatz entfernt. Nach einigem Suchen finde ich sie, checke für 2 Tage ein und wer läuft mir als Erster dort über den Weg? – Roberto, der Schnarcher! Jetzt hat Rom über 20 Pilgerherbergen

27. Juli 2016
58 Tage,
1500 km

und ausgerechnet hier muss er auch sein.

Hier kann ich wieder deutsch sprechen. Anna aus Bonn, gestartet 1 Tag vor uns in Konstanz, zuvor mit dem Fahrrad dort hin, die Alpen allerdings über den St. Gotthard-Pass überquert, von der wir schon in

Norditalien verschiedentlich gehört haben, sie aber nie trafen, ist gestern hier angekommen. Sie hat viel erlebt und erzählt es auch gerne auf Deutsch, Italienisch,Spanisch und Englisch den anderen Pilgern hier.

Die Nacht wird wie erwartet. Roberto sägt und wir ziehen zu Dritt mit Matratzen und Bettzeug in den Aufenthaltsraum um. Schlafen kann ich hier allerdings auch nicht vernünftig. Es ist einfach viel zu warm und man spürt kaum Sauerstoff in der Luft.

Pilgertag 59, Donnerstag, 28.07.16: Rom

Um 7.30 Uhr gemeinsames Frühstück und dann mache ich mich auf, die 7 Pilgerkirchen Roms (von über 7000 Kirchen) zu besuchen, und die dazwischen liegenden Sehenswürdigkeiten mitzunehmen. So geht's über den Circus massino am Palatino, dem Foro Romano und Colloseo vorbei zur Kirche St. Maria Maggiore. Dort ist man allerdings nicht in der Lage, trotz 2 Versuchen, mir einen les- bzw. erkennbaren Stempel in den Pilgerpass zu drücken. Weiter geht's zur Papstbasilika: St. Giovanni in Laterano. Bis ich den Eingang finde, dauert es über eine halbe Stunde, da mir 2 junge Sicherheitskräfte nicht vermitteln können, dass der auf der Rückseite des Komplexes liegt. Sie schwallen mich auf italienisch voll und der Versuch, ein paar englische Worte zu sprechen, mündet bei ihnen in Lachausbrüchen. Der betreuende Mönch in der Sakristei, die man wieder erst mal finden muss, weiß nichts von einem Stempel und so warte ich bis ein Zweiter – weiß nichts, ein dritter mir den Stempel gibt. Jetzt schnell zum Pilgerzentrum, haben die doch nur noch bis 14 Uhr offen. Meine Fragen verlaufen teilweise ins Leere, z.B. eine andere Unterkunft für die Nacht. Sie könnten mir eine Liste ausdrucken, anrufen und nachfragen müsste ich dann selbst. Auch die Auskunft über Gottesdienst- und Beichtzeiten in der deutschsprachigen Kirche waren falsch – dort war kein Gottesdienst um 18 Uhr und Beichtzeiten nur nach Vereinbarung; in Italien hätten im August (wir haben den 28.Juli) eben alle Urlaub. So mache ich eine kleine Andacht in der Kirche S. Maria del Anima (der Seelen) *** - sehr interessant und vielgestaltig ausgestattet. Dazwischen sind noch Dutzende Schutzengel für mich in Aktion. Ich fahre mit der Metro von Spagna über Termini zur Basilika St. Paul vor den Mauern. Drei Mädchen – wohl osteuropäischer Herkunft und 12 bis 14 Jahre alt - drängen sich mehrfach an mir vorbei. Zwei Frauen rufen aufgeregt: „Senior, Senior, …", deuten auf die 3 und auf mich. Da sehe ich wie bei einem der Mädchen ein handgeschriebener Zettel mit meiner Handschrift aus dem Schritt fällt und verstehe. Blitzschnell greife ich die Kleine, der Zug hält bereits und die 2 anderen sind schon draußen. Ich fühle meinen Geldbeutel in ihrer Hose, entreiße ihn, die Frauen deuten: reinschauen, alles Geld fehlt. Da ich die Kleine immer fester halte und andere Fahrgäste die Tür blockieren, damit der Zug nicht weiterfährt, kommen die 2 von draußen zurück, geben mir mein Geld und schwupp, sind alle drei weg und der Zug fährt auch schon weiter. Das wäre was geworden. Ohne Geld, EC-Karte, Personalausweis … - morgen will ich heimfliegen. Ich begreife jetzt noch nicht, dass das so gut ausgegangen ist und so habe ich allen Grund zu danken, was ich dann auch, statt zu beichten, tue.

Nach der o.g. Kirche nochmal zum Vatikan. Dann die Buslinie etc. checken für morgen und zurück ins Quartier, um 19 Uhr da, wieder sind Deutschsprachige da, frisch machen und an der Welcome-Zeremonie mit Fußwaschung für die Neuen teilnehmen (hatte ich gestern), Abendessen, Katrin ruft an und jetzt ist es schon nach 22 Uhr. Der dritte Auswanderer gestern hat nach meinem Bitten mit Roberto gesprochen und tatsächlich ist dieser soeben in den Aufenthaltsraum umgezogen.

Pilgertag 60, Freitag, 29.07.16: Vatikan und Heimreise

Gut geschlafen, aber doch gegen 5 Uhr aufgeregt über die Heimreise, gehe ich 6.30 Uhr aus dem Haus, nachdem ich tags zuvor vereinbart habe, meinen Rucksack dort lassen zu können um ihn zwischen 11 und 12 Uhr abzuholen. Mit dem Bus (Linien 23 oder 280) fahre ich bis zur Fahrzeugbrücke an der Engelsburg und laufe die Via della Conzituzioni hoch auf den von der Morgensonne beleuchteten, fast gänzlich leeren Petersplatz zu. Zufällig erfuhr ich am Vortag, dass der Petersdom bereits um 7 Uhr öffnet, der Vatikan erst um 10 Uhr. Also Sicherheitscheck und schon durchschreite ich die heilige Pforte der wohl bedeutendsten Kirche der kath. Christenheit. Drinnen ist es noch leer und es herrscht wirklich eine „Kirchenstimmung". Ich fühle mich hier wirklich als Glaubender, nicht als Tourist. So durchschreite ich andächtig dieses Juwel von Kunst und Glaubenszeugnis und finde dabei in einem Seitenschiff die Beichtkirche und auch einen deutschsprachig besetzten Beichtstuhl, in dem ich jetzt das gestern nicht Losgewordene mit der Absolution durch den Priester abschließend und endgültig Gott in seine barmherzigen Hände lege. Danach suche ich die Sakristei auf, hole mir meinen letzten Stempel im Pilgerpass und das „Testimonium", meine Pilgerurkunde. Jetzt geht es mir wie in SdC. Am zweiten Tag kommt alles hoch und ein Hochgefühl der gemeisterten Pilgerwanderung überfällt mich, sodass ich lange vor dem Allerheiligsten sitze und alles Gewesene und den Augenblick auf mich wirken lasse. Zum Abschluss steige ich die 551 Stufen zur Kuppelkrone hinauf und genieße die Wahnsinnsansicht dieser grandiosen Stadt und bin froh, gestern und heute wenigstens einige Stunden, wenn auch mit einigen Aufregungen, hier verbracht zu haben. Dann mit dem Bus zur Herberge, Rucksack auf, zurück zur Haltestelle, jetzt mit der Straßenbahn zu einem Außenbahnhof Roms, dort Ticket lösen und 11.51 Uhr fährt der Zug Richtung Flugplatz. Der Fahrkartenkontrolleur dort macht mir noch Schwierigkeiten. Anscheinend hätte ich das Ticket, obwohl für diese Fahrt ausgestellt, irgendwo entwerten müssen. Durch Beistand eines deutschsprachigen Priesters in der Bahn muss ich statt 50,- nur 5,- € zahlen und bekomme eine Quittung. Mein Glück, denn ohne gültigen Fahrschein wäre ich nicht in den Flughafen gekommen. Pünktlich da, einchecken, einen großen Salat essen und dann zum Gate. Da wird das Abfluggate geändert und am neuen wird verkündet, dass wir wegen krimineller Aktivitäten (so hab ich´s verstanden) nicht borden können und sich unser Abflug verzögert. Geplant ist 14.40 Uhr, 15.20 Uhr sitze ich im Flieger, der 10 Minuten später startet. München an 16.40 Uhr. Trotzdem bekomme ich noch den Zug nach Garmisch-Partenkirchen (GAP). 20 Uhr da - Opazeit. Vom Bahnhof GAP gehe ich, wohl zum letzten Mal mit dem Rucksack meiner diesjährigen Pilgerwanderung, sehr langsam und bedächtig Richtung Walther-Siegfried-Str. Irgendwie wieder ein seltsames Gefühl, dass es jetzt enden soll und wie´s wohl werden wird, das Ankommen, erst bei Tochter Anna, Enkel Emil und Vater André, später, wenn Sigrid dazu kommt, dann das nach Hause fahren und dort ankommen und bleiben. Zwischenzeitlich stehe ich bei Anna vor der Tür. Das Wiedersehen ist wie sonst, keine emotionalen Ausbrüche, so, als käme ich jeden Tag hier an bzw.

Kirche "Maria Himmelfahrt" in Partenkirchen

heim. Ich fühle mich gleich aufgehoben und geborgen und bin erfreut, dass auch Emil mich freudig empfängt und mir seine Zuneigung zeigt. Ein sehr schönes hier Ankommen.

Samstag, 30.07.16: GAP

Nachmittags rufen wir bei Sigrid an. Sie ist wohl zurecht sauer, dass sie am Freitag bzw. Samstagmorgen keinen Anruf über die gute Rückkehr bekommen hat – nur die Familien - WatsApp mit der entsprech- enden Meldung. Nach dem Rüffel erzähle ich ihr dann den Verlauf der letzten 2 Tage: - Pilgerkirche, - deutschsprachige Kirche und Pilgerbüro, - Geldbeuteldiebstahl, - Besuch im Petersdom, - letzter

Kontakt mit Roberto, - Heimreise - was sie wohl friedlich stimmt.

Sonntag, 31.07.16: GAP

Um 10.30 Uhr gehe ich nach dem gemeinsamen Frühstück mit Anna und Emil in die Messe in Partenkirchen. Die zweite Lesung aus dem Paulusbrief trifft wieder das Thema meiner Pilgerwanderung und der Lebensabschnittsbeichte im Petersdom und im Verlauf des Gottesdienstes, beim „Vater unser" kommt die Antwort auf mein Suchen der letzten Wochen: … (zu intim). Zum Abschluss des Gottesdienstes bedankt sich der mit ausländischem Akzent sprechende Priester, dass er wieder sehr gerne Vertretung in Partenkirchen machen durfte und er jetzt leider wieder zurück nach Rom muss. Also findet der Abschluss meiner Pilgerreise mit einer „römischen" Messe statt. Danach noch wunderschöne Orgelmusik, die das Erfahrene und Geschenkte noch verstärkt.

Ich mache noch eine kleine Wallfahrt hinauf zur Wallfahrtskirche „Sankt Anton", bete den Kreuzweg in seiner Kirchen- und dort auch abgedruckten zeitgerechten Form und finde beim hl. Antonius die Stärkung und Zuversicht, dass ich das Ziel meiner Reise erreicht habe und ich die Ziele meines Lebens

Wallfahrtskirche "St. Anton" in Garmisch-Partenkirchen

auch erreichen kann. Später lese ich in einem kleinen Heftchen über den hl. Antonius: Er gilt als Wiederbringer von Verlorenem (was ich weiß und was auch ein Grund der Wallfahrt ist) aber er ist auch der Patron der Liebenden, der Eheleute … und Helfer gegen teuflische Mächte, … genau das, was ich noch suchte und jetzt brauche.

Ich bin Gott auf dem Weg und vor allem hier in GAP mehrfach begegnet!!!

Freiburg Kolpingbrüder pilgerten nach Rom

Auf Schritt und Tritt – Gott geht mit

Kolping - Magazin 11-12/2016

Mit Bündel und Stab, wie einst Adolph Kolping, wollten die beiden Kolpingbrüder und Handwerker Karl und Christian aus der Kolpingsfamilie Mosbach unterwegs sein. Ziel war die Ewige Stadt Rom. Die 1 500 Kilometer lange Wegstrecke wollten sie zugleich für einen guten Zweck laufen und riefen zu Spenden auf. Der Weg führte sie über die Schweiz, den Genfer See und die Toskana. Die ersten drei Wochen waren sehr verregnet und zerrten an Nerven und Motivation, doch dann wurde es besser. Nachts fanden die beiden Pilger fast immer ein Bett in einer Unterkunft. Und wenn diese schon voll waren, gab es immer wieder hilfsbereite Menschen, die schnell das Telefon nahmen und eine andere Bleibe organisierten.

Nach zwei Drittel des Weges war Christian schneller zu Fuß unterwegs, da er früher wieder in der Heimat zurück sein musste als Karl. Die beiden Wanderer trennten sich und pilgerten alleine weiter. „Es war eine ungläubliche Lebenserfahrung", erzählt Karl. „Die langen Wege, die starke Sonne und kein Schatten – ich habe oft gehadert und bin an meine Grenzen gekommen. Manchmal habe ich keine Menschenseele auf dem Weg gesehen und war gedanklich tief in mir versunken – weit von zu Hause weg. Da kam es vor, dass plötzlich beim Wandern ein paar Tränchen flossen." Der Kolpingbruder beschreibt drei Höhepunkte:

Das Erreichen des St. Bernhard-Passes, dem mit 2 469 Metern höchsten Punkt der Reise, die Ankunft auf dem Petersplatz in Rom und die kleine Zugabe, ein Besuch in Assisi.

Nach 77 Wandertagen war die Freude groß, als Karl mit Christian, der nochmal im Zug in der letzten Station zugestiegen war, am Mosbacher Bahnhof ankam und von ca. 70 Freunden mit Kolpingbannern begrüßt wurde. Ganz nebenbei kamen über 8 000 Euro für ein Sozialprojekt zur Aus- und Weiterbildung in Brasilien zusammen. ∎ ●

10.000,- €

Vor malerischem Panorama: Karl und Christian auf ihrem Pilgerweg nach Rom.